ようこそ，『はばたけ！ 韓国語 ライト版 2』へ！

ようこそ，『はばたけ！ 韓国語 ライト版 2』へ！ 本書は『はばたけ！ 韓国語 ライト版 1』の続篇です．『ライト版 1』に続いて，これで皆さんの韓国語は鉄壁です．ことばを学ぶには次のことが大切です：

① 学ぶに値することを学ぶこと
② 体系的に学ぶこと
③ そして楽しく学ぶこと

このために，『はばたけ！ 韓国語 ライト版 2』，略して『はばかん 2』は，次のように作られています：

① 学んだらすぐにでも使えるような，真にリアルで，実践的な表
② 1 を聞いて 10 を，100 を知ることができるよう，体系
③ 簡潔な説明，明快な図解と共に，書きながら学
④ 日本語と韓国語を対照しながら知的に学ぶ
⑤ 記憶に残る，いきいきとしたストーリーで楽しく学ぶ

プロの声優さんたちの録音は，繰り返し聞くに足る，楽しい音のドラマの世界を作り上げています．繰り返し聞くことによって，声優さんたちのことばが，知らず知らずのうちに，皆さんの口をついて出て来るようになるでしょう．

『はばかん 2』は，『はばかん 1』同様，「これは何ですか ──これは本です」などという無内容な例文を押しつけたり，日本語もなしに例文だけ掲げ，機械的な辞書引き作業だけに貴い青春を費やさせるようなことはしません．20 年，30 年前のこうした言語学習とは決別しましょう．日本語訳は掲げてあります．皆さんの時間は，『はばかん 2』の表現を覚えて実際に用いるためにこそ，使ってください．ことばで心と心を交わすために使ってください．音を中心にした〈応用実戦練習〉(p.52) も楽しみましょう．

『はばかん 2』は朝鮮言語学，対照言語学，言語教育学の最先端の研究に学び，皆さんが最小の努力で，最も大きなもの，大切なものを得られるよう，心を砕きました．まさに同時代の皆さんのための教科書です．皆さんが『はばかん』と出会ったことで，もうことばを学ぶことの正しい入門は果たされました．さあ，共に，はばたけ！ 韓国語へ！ 韓国語から！

著者一同

目　次

装丁・イラスト — メディアアート・Mio OGUMA ／野間秀樹

はばたけ！韓国語 ライト版2

きむ・じな　　のま・ひでき　　むらた・ひろし
金珍娥・野間秀樹・村田寛 著

朝日出版社

『はばたけ！ 韓国語 ライト版2』

サイト URL

https://text.asahipress.com/text-web/korean/habakanl2/index.html

用言の活用の仕組み

用言（ようげん）

韓国語の文の述語をつくる単語を用言という．用言には，次の4つの品詞がある．辞書に載る形を**辞書形**，あるいは，**基本形**と言う：

品　詞	辞書形		
動　詞	받다	[pa^{tʔ}ta パッタ]	受け取る
形容詞	작다	[tʃa^{kʔ}ta チャクタ]	小さい
存在詞	있다	[i^{tʔ}ta イッタ]	ある，いる
指定詞	－이다	[ida イダ]	…だ．…である

用言は〈語幹＋語尾〉というつくり

辞書形はすべて-다という形で終わっている．この-다のように後ろについている部分を**語尾**といい，-다をとった残りの部分を**語幹**という．語幹が単語の本体で，語尾が後続部分である．

語幹が子音で終わっている用言を**子音語幹**の用言と呼び，母音で終わっている用言を**母音語幹**の用言と呼ぶ：

単語の本体＝意味を受け持つ　　文法的な働きを受け持つ（-다は辞書形を作る働き）

	語幹	語尾	
받다	받－	－다	**子音語幹**の用言（語幹の最後が子音ㄷ）
가다	가－	－다	**母音語幹**の用言（語幹の最後が母音ㅏ）

3 語尾によって語幹は3種類に姿を変える＝3つの語基

用言を用いるときは，文法的な働きに合わせて様々な語尾をとりかえて用いる．このとき，基本的には，どういう音で始まる語尾を用いるかによって，**語幹は3種類に姿を変える**．語幹のこの3つの姿を**語基**という．つまり，語基とは語幹の3つの現れである．

どんな用言であれ語基は3つの形しかない：

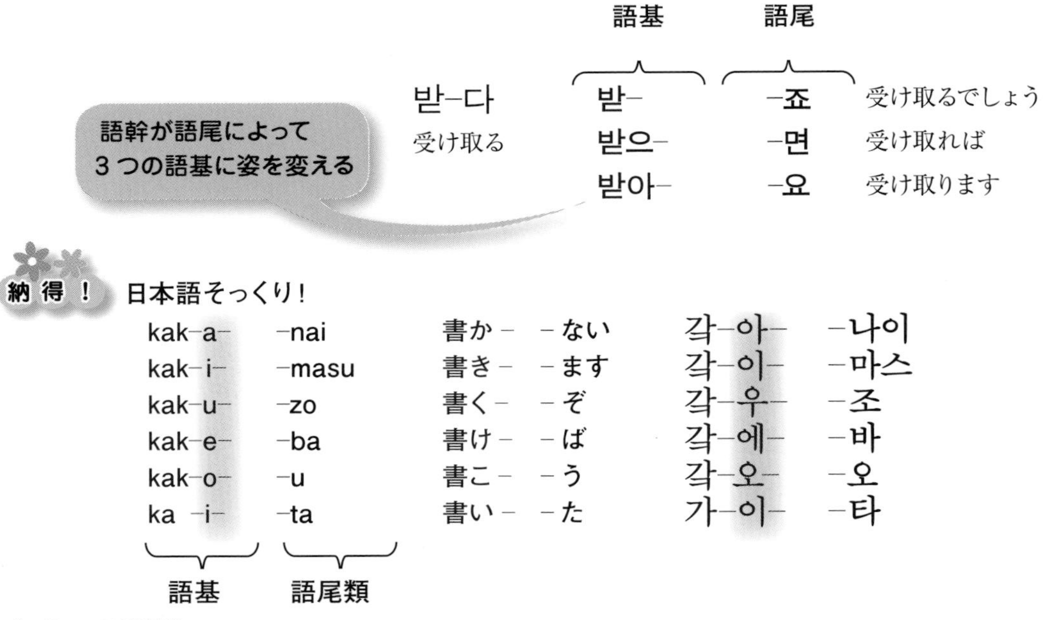

★3つの語基

用言の3つの語基は，それぞれ第Ⅰ語基，第Ⅱ語基，第Ⅲ語基という：

받다（受け取る）の活用

辞書形	받다	[pa^{t} ta]
第Ⅰ語基	받–	[pa^{t}]
第Ⅱ語基	받으–	[padɯ]
第Ⅲ語基	받아–	[pada]

第Ⅰ語基，第Ⅱ語基，第Ⅲ語基は，それぞれⅠ，Ⅱ，Ⅲのように略す．例えば，語尾 –요（…ます）は第Ⅲ語基と結びつくので，

〈第Ⅲ語基＋–요〉という形を

➔ **〈Ⅲ–요〉** のように表記する．

3つの語基の作り方さえ知っていれば，どんな語尾との組み合わせでも自由に形を作ることができる．**全ての語尾はどの語基につくかが決まっている．**例えば –고（…して），–죠，（…でしょう）のように，ㄱやㅈで始まる語尾は第Ⅰ語基につく，といった具合に，概ね，**語尾の頭の音で，第何語基につくかがわかる**ようになっているので安心である．➔ 語尾類が第何語基につくかは，〈語尾や接尾辞，助詞などの索引〉（p.82）で確認！

納得！ 日本語でも –masu は kak–i– につき，kak–a– や kak–u– にはつかない！ このようにあらゆる語尾の類は，どの語基につくかが決まっている！ 母語話者は自然にこのことを知っているが，学習者は覚える必要がある．でも，韓国語では，語尾の頭の音でおおよそわかってしまうので大丈夫！

3つの語基の作り方

3つの語基は，一部の用言を除き，辞書形から規則的に導き出すことができる：

用言の3つの語基の作り方

辞書形		받다 （受け取る）	먹다 （食べる）	보다 （見る）	주다 （与える）
		子音語幹の用言		母音語幹の用言	
第Ⅰ語基	辞書形から −다を除いた形＝語幹	받 −	먹 −	보 −	주 −
第Ⅱ語基	子音語幹には第Ⅰ語基に −으を つけ，母音語幹なら何もつけない形	받으 −	먹으 −	보 −	주 −
第Ⅲ語基	語幹の最後の母音が ㅏ [a] またㅗ [o] なら， −아 [a]（陽母音）をつける	받아 −		보아 −/ *봐 −	
	語幹の最後の母音が ㅏ [a]，ㅗ [o] 以外なら， −어[ɔ]（陰母音）をつける		먹어 −		주어 −/ *줘 −

＊は話しことばで使われる形.

第Ⅲ語基は語幹の最後の母音が陽母音であるㅏ [a] またはㅗ [o] なら，後ろに陽母音の －아 [a] をつけ，ㅏ [a] またはㅗ [o] 以外なら，すべて陰母音の － 어 [ɔ] をつける．これを**母音調和**と呼ぶ.

母音語幹の用言は第Ⅰ語基と第Ⅱ語基がいつも同じ形になる. ただし形は同じであっても，語基活用上は異なる語基である.

ㅏ [a] ／ㅓ [ɔ] 母音語幹の用言

母音語幹の用言で，語幹がㅏ [a] あるいはㅓ [ɔ]，ㅕ [jɔ] で終わる用言は，第Ⅲ語基を作るときに同じ母音が重なるので，その重なる母音を1つ落とす．たとえば，가다は第Ⅲ語基が가아と，아が2つ重なるので1つ落とし，가となる：

辞書形		第Ⅲ語基
가다	가－＋－아－ ➔	가－
서다	서－＋－어－ ➔	서－
켜다	켜－＋－어－ ➔	켜－

結果として語幹がㅏ [a] またはㅓ [ɔ]，ㅕ [jɔ] で終わる用言は，第Ⅰ語基から第Ⅲ語基まで同じ形になるが，語基活用上は３つはまったく違う語基である：

ㅏ[a] ／ㅓ[ɔ] 母音語幹の用言の活用

	Ⅰ	Ⅱ	Ⅲ
가다（行く）	가－		
싸다（安い）	싸－		
만나다（会う）	만나－		
서다（立つ）	서－		
켜다（〈灯りを〉つける）	켜－		

ㅣ[i] 母音語幹の用言

다니다のように母音ㅣで終わる語幹の用言は第Ⅲ語基でㅓをつけるとき，非常に硬い書きことば以外では，通常，다니어→다녀のごとく，ㅣ＋ㅓがㅕと短縮される：

母音ㅣで終わる語幹の語基活用

	Ⅰ	Ⅱ	Ⅲ
다니다（通う）	다니－		다녀－
걸리다（かかる）	걸리－		걸려－

指定詞 −이다（…である），−아니다（…ではない）の活用

指定詞		第Ⅰ語基	第Ⅱ語基	第Ⅲ語基
−이다（…である）	母音で終る単語につく	−(이)−		−여− −예−（−요がつく場合のみ）*
	子音で終る単語につく	−이−		−이어− −이에−（−요がつく場合のみ）
아니다（…ではない）		아니−		아니어− 아니에−（−요がつく場合のみ）

친구(이)다 友人である　　친구죠? 友人でしょう？　　친구예요 友人です

책이다 本である　　책이죠? 本でしょう？　　책이에요 本です

＊母音で終わる体言につく−이다の해요体Ⅲ−요は，以前は−에요とも書かれたが，現在は친구예요のように−예요と書かれる．

하다用言の語基活用

	Ⅰ	Ⅱ	Ⅲ
하다（する）	하−	하−	해− 하여−（非常にかたい書きことばで）
공부하다（勉強する）	공부하−	공부하−	공부해− 공부하여−（非常にかたい書きことばで）

하다 する　　하죠? するでしょう？　　하면 すれば　　해요 します

공부하다 勉強する　　공부하죠? 勉強するでしょう？

공부하면 勉強すれば　　공부해요 勉強します

ㄹ活用の用言

辞書形の語幹がㄹ[リウル]で終わる用言をㄹ語幹の用言という. 用言の後ろにどのような語尾や接尾辞が来るかによって, 第Ⅰ語基と第Ⅱ語基にはㄹが落ちる形と落ちない形の 2 つがある. 動詞알다(知る, わかる)を例に見てみよう:

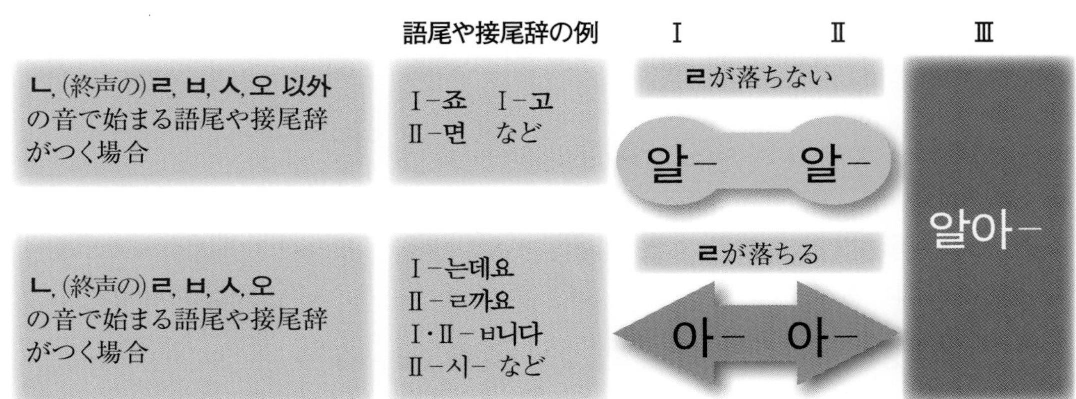

語尾や接尾辞の例
Ⅰ
Ⅱ
Ⅲ
ㄴ, (終声の) ㄹ, ㅂ, ㅅ, 오 以外の音で始まる語尾や接尾辞がつく場合
Ⅰ-죠 Ⅰ-고
Ⅱ-면 など
ㄹが落ちない
알- 알-
알아-
ㄴ, (終声の) ㄹ, ㅂ, ㅅ, 오の音で始まる語尾や接尾辞がつく場合
Ⅰ-는데요
Ⅱ-ㄹ까요
Ⅰ・Ⅱ-ㅂ니다
Ⅱ-시- など
ㄹが落ちる
아- 아-

★ ㄹが落ちない場合 (ㄴ, 終声のㄹ, ㅂ, ㅅ, 오 **以外**の音で始まる語尾や接尾辞がつく場合)

第Ⅱ語基でも-으-はつかない. 알으면ではなく, 알면となる.

마키 씨, 이 책 알죠?　　マキさん, この本, 知ってるでしょう?

── 아뇨, 어디서 팔아요?　　いいえ, どこで売っているんですか.

── 학교 앞 서점에서도 팔고 학교에서도 팔거든요.
学校の前の本屋さんでも売ってるし, 学校でも売ってるんですけどね.

★ ㄹが落ちる場合 (ㄴ, 終声のㄹ, ㅂ, ㅅ, 오 の音で始まる語尾や接尾辞がつく場合)

마키 씨는 어디 사세요?　　マキさんは, どこにお住まいですか.

──요코하마에 사는데요. 석우 씨는요?　　横浜に住んでるんですけどね. ソグさんは?

──저요? 전 사이타마에 삽니다.　　私ですか? 私は埼玉に住んでいます.

10 르変格の用言

모르다(知らない．わからない)のように辞書形の語幹が르で終わる用言の多くは，第Ⅲ語基で르がㄹ라になる：

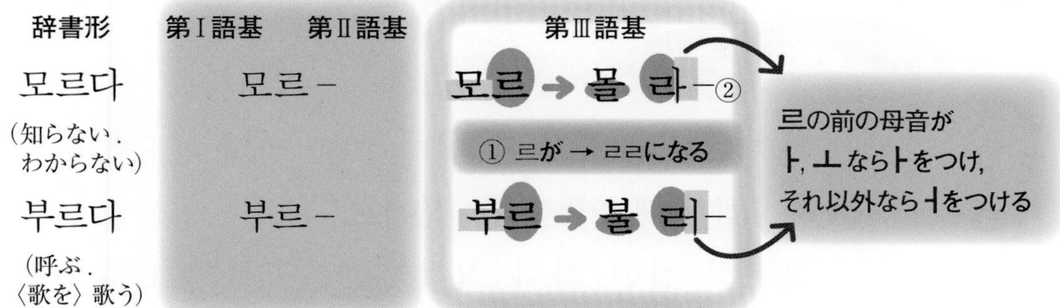

한국 음악을 잘 모르세요? ── 네, 잘 몰라요.

韓国の音楽をよくご存じないんですか．　はい，よく知りません．

지은 씨는 노래를 잘 불러요. ── 한국 노래도 부릅니까?

チウンさんは歌が上手ですよ．　韓国の歌も歌いますか．

 **３つの語基の作り方と用言の活用を，例を挙げて勉強仲間に説明してみよう**

제 1 과 한국에 가서 직접 보고 공부하고 싶었거든요.

韓国に行って，直接見て，勉強したかったのです.

2 

ポイント 願望「Ⅰ-고 싶다」…したい. 試図「Ⅲ 보다」…してみる

●会話 ●학교 식당에서

❶ 김 선생님 : 마키 씨는 방학 때 어디 가고 싶으세요?

❷ 마키 : 네, 한국에 가 보고 싶어요.

❸ 전부터 한번 가서 직접 보고 공부하고 싶었거든요.

❹ 김 선생님 : 그래요? 어디 어디 가고 싶은데요?

❺ 마키 : 서울에도 가고 싶구요, 경주에도 가고 싶어요.

❻ 석우 : 아, 제가 마키 씨를 한번 안내하고 싶습니다.

❼ 김 선생님 : 하하하, 석우 씨도 참. 민아 씨는요?

❽ 민아 : 음, 한국에도 가고 싶은데 사실은 다른 나라로 어학 연수도 가고 싶어요.

❾ 김 선생님 : 정말 공부에 욕심이 많네요.

❿ 마키 씨, 민아 씨, 열심히 하세요. 파이팅!

⓫ 석우 : (어, 선생님, 저는요?)

単語 단어

방학	〈放學〉 [paŋ(h)a^{k}] **休み.** 夏休みは여름 방학. 冬休みは겨울 방학
때	[^{ʔ}tɛ] **とき**
어디	[ɔdi] **どこ. どこに. どこか**
가고 싶으세요?	[kagoʃip^{h}ɯsejo] **お行きになりたいですか.** 動詞가다のⅠに願望の「−고 싶다」(…したい) がつき, さらにそのⅡに −세요がついた形. ➜文法と表現
가 보고 싶어요	[kabogoʃip^{h}ɔjo] **行ってみたいです.** 動詞가다が「Ⅲ 보다」(…してみる) 形となり, さらにそのⅠに願望の「−고 싶다」がつき, 最後はⅢ −요形となったもの. ➜文法と表現
전부터	〈前−〉 [tʃɔnbut^{h}ɔ] **前から.** 전(前) に −부터(…から) がついたもの
한번	〈−番〉 [hanbɔn] **1度. ちょっと.** 번の前に固有語数詞がくると,「…度」の意になる. 2度は「두 번」, 3度は「세 번」. 固有語数詞ではなく, 漢字語数詞が번の前にくると,「…番」の意となる. 1番は일번, 2番は이번.「試しに」「ちょっと」のように副詞的に用いるときは分かち書きをしない
직접	〈直接〉 [tʃi^{kʔ}tʃɔ^{p}] **直接**
공부하고 싶었거든요	〈工夫−〉 [koŋbu(h)agoʃip^{h}ɔ^{ʔ}kɔdɯnnjo] **勉強したかったのですよ.** 動詞공부하다の「Ⅰ−고 싶다」形が, さらに過去形Ⅲ −ㅆ− となり, 最後に −ㅆ− のⅠに語尾 −거든요がついた形. ➜文法と表現
어디 어디	[ɔdiɔdi] **どこどこ. どことどこ**
가고 싶은데요?	[kagoʃip^{h}ɯndejo] **行きたいんですか.** 動詞가다の「Ⅰ−고 싶다」形のⅡ「가고 싶으−」に, さらに婉曲法の語尾 −ㄴ데요がついた形. 싶다は形容詞なので, 싶는데ではなく싶은데と, 形容詞の活用をする. 婉曲法はこのように疑問にも用いる. ➜文法と表現
서울	[sɔul] **ソウル.** 大韓民国の首都
가고 싶구요	[kagoʃi^{pʔ}kujo] **行きたいですし.** 動詞가다の「Ⅰ−고 싶다」形のⅠに接続形語尾 −구 (標準語形では −고) がつき, 最後に丁寧化のマーカー −요/−이요がついた形. ➜文法と表現
경주	〈慶州〉 [kjɔŋdʒu] **慶州.** 韓国の都市. 新羅の都があった
가고 싶어요	[kagoʃip^{h}ɔjo] **行きたいです.** 動詞가다の「Ⅰ−고 싶다」形のⅢ「가고 싶어−」に해요体の語尾 −요がついた形. ➜文法と表現
안내하고 싶습니다	〈案内−〉 [annɛ(h)goʃip^{ʔ}sɯmnida] **案内したいです.** 動詞안내하다の「Ⅰ−고 싶다」形のⅠに語尾 −습니다がついた形. ➜文法と表現
하하하	[hahaha] 間投詞 **あはは.** 笑い声
참	[tʃ^{h}am] 間投詞 **そうだ.** 副詞 **ほんとに**

1 일

가고 싶은데	[kagoʃipʰɯnde] **行ってみたいのですが**. 動詞가다のⅠに「-고 싶다」がつき, さらにそのⅡ「가고 싶으-」に婉曲法語尾 -ㄴ데がついた形. 싶다は形容詞なので, 形容詞の活用をする. ➡文法と表現 Ⅰ-는데 / Ⅱ-ㄴ데は「…だが」「…するけど」という接続形でも用いる
사실은	〈事實-〉 [saʃirɯn] **実は. 実際は**
다른	[tarɯn] **異なる. 別の.** 形容詞다르다の第Ⅱ語基に現在連体形語尾 -ㄴがついた形. ➡現在連体形語尾は5課で学ぶ
나라	[nara] **国**
어학 연수	〈語學 研修〉 [ɔ(h)aŋnjɔnsu] **語学研修**. [n]の挿入で[어학년수], さらに[ㄱ]➡[ㅇ]という口音の鼻音化で[어항년수]となる
욕심	〈慾心〉 [jokˀʃim] **意欲. やる気. 欲**
많네요	[mannejo] **多いですね**. 形容詞많다のⅠに感嘆法の語尾 -네요がついた形. 「욕심이 많다」で「欲ばりだ」「望みが大きい」「やる気満々だ」
파이팅	[pʰaitʰiŋ] **ファイト. 頑張って.** 英語のfightingより. 英語の[f]は韓国語では[pʰ]となることが多い. しばしば화이팅とも言う

 調べて朝鮮半島の地図を描いてみよう.

韓国に行ったらやってみたいことを書いてみよう.

文法と表現

Ⅰ-고 싶다 …したい［願望］

「…したい」という願望を表す．싶다は単独では用いず，必ず動詞の第Ⅰ語基＋ -고 싶다の形で用いる．싶다は形容詞として変化する：

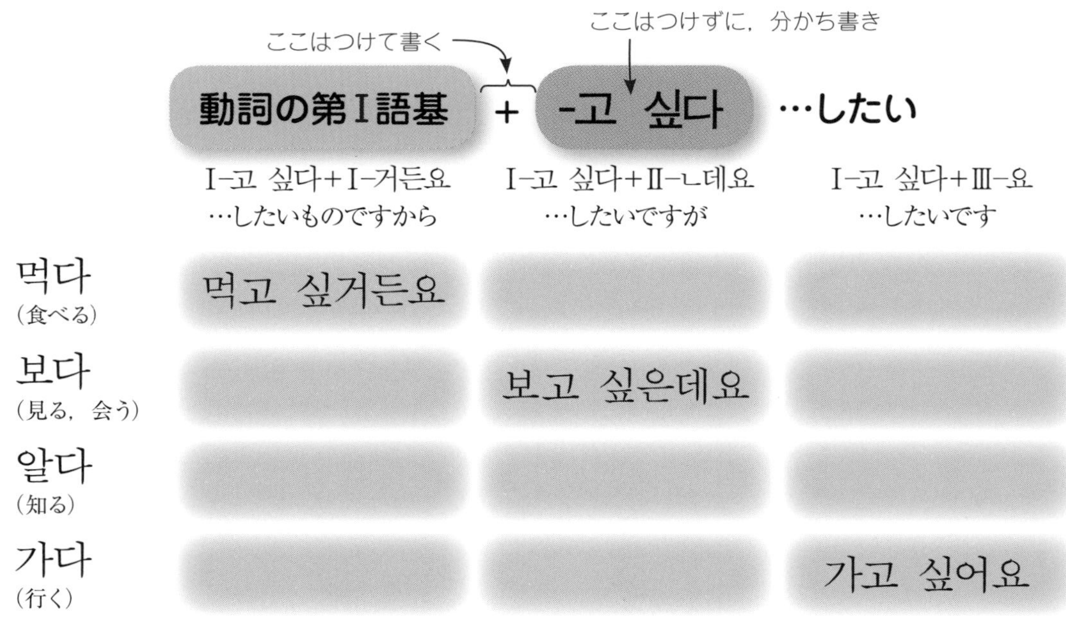

	Ⅰ-고 싶다＋Ⅰ-거든요 …したいものですから	Ⅰ-고 싶다＋Ⅱ-ㄴ데요 …したいですが	Ⅰ-고 싶다＋Ⅲ-요 …したいです
먹다 （食べる）	먹고 싶거든요		
보다 （見る，会う）		보고 싶은데요	
알다 （知る）			
가다 （行く）			가고 싶어요

선생님：방학 때 뭐 하고 싶어요?　　休みの間は何をしたいですか．

A：私は旅行に行きたいです.（여행을 가다 旅行に行く）➔

B：私は本をたくさん読みたいですが. ➔

C：僕は運転（운전）を学びたいです. ➔
（배우다 学ぶ Ⅲ 배워-）

level up! 「Ⅰ -고 싶다」形は動詞と「いる」の意の存在詞 있다に用い，形容詞には用いない．なお，싶다自体は形容詞なので，婉曲法は싶는데요ではなく，**싶은데요**となる．

마키 씨하고 같이 있고 싶은데요.　　マキさんと一緒にいたいんですが.

なお，相手に尋ねる場合に用いる尊敬形は싶다に接尾辞Ⅱ -시- を用いて尊敬形にする：

어디에 가고 싶으세요?　　どこにお行きになりたいですか.

가족이 보고 싶으시죠?　　家族にお会いになりたいでしょう?

Ⅲ 보다 …してみる［試図］

日本語の「…してみる」にほぼ相当する表現で，基本的に自分の意志でできる動作を表す動詞とともに用いる：

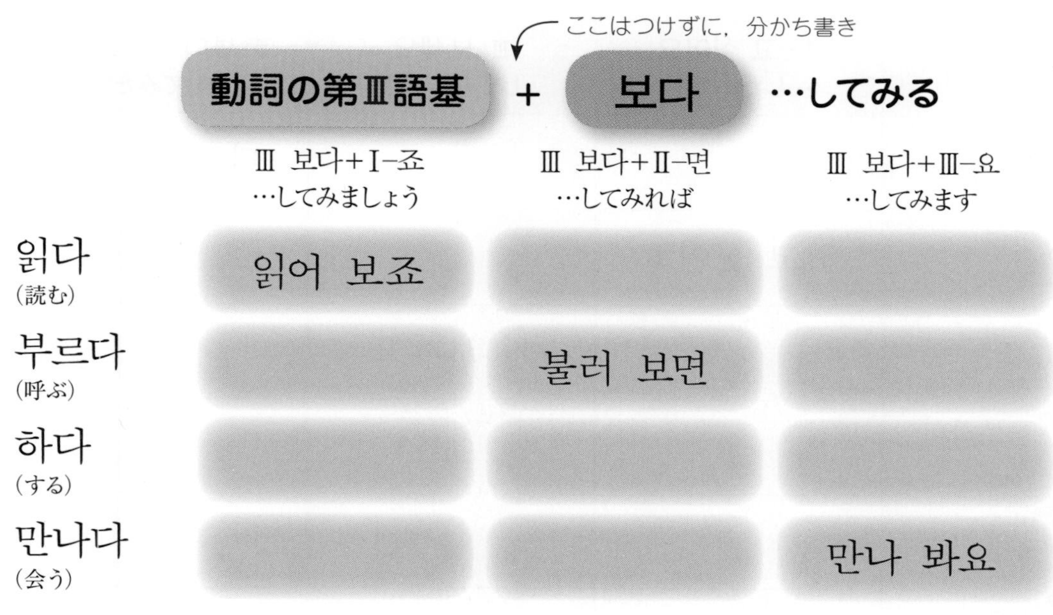

ここはつけずに，分かち書き

動詞の第Ⅲ語基 ＋ 보다 …してみる

	Ⅲ 보다＋Ⅰ–죠 …してみましょう	Ⅲ 보다＋Ⅱ–면 …してみれば	Ⅲ 보다＋Ⅲ–요 …してみます
읽다 （読む）	읽어 보죠		
부르다 （呼ぶ）		불러 보면	
하다 （する）			
만나다 （会う）			만나 봐요

韓国に行ってみたいです． 한국에 가 보고 싶습니다.

가다の Ⅲ 보다 ＋ Ⅰ－고 싶다 ＋ Ⅰ－습니다

この本は読んでみましたか．

➔

私が案内してみたいですが．

➔

マキさんに会ってみればわかります．

➔

この本は読んでごらんになりましたか． とても面白いですよ．

➔

チャレンジ 1

I 次の用言を活用させ，表を完成させよう．

単語	Ⅰ-고 싶어요 …したいです	Ⅲ 보세요 …してみて下さい	Ⅲ 보다+Ⅰ-고 싶어요 …してみたいです
타다 (乗る)			타 보고 싶어요
읽다 (読む)	읽고 싶어요		
가다 (行く)		가 보세요	
공부하다 (勉強する)			
만들다 (作る)			
고르다 (選ぶ)			
마시다 (飲む)			
살다 (暮らす)			
만나다 (会う)			
바르다 (塗る)			
뛰다 (走る)			
찾다 (探す)			

チャレンジ 1

2 次の各文を訳し，ハングルで書いて発音しよう.

① 夏休み(여름 방학) のとき，一度韓国に行ってみたいです.

② 韓国に行って何がしたいですか.

—私ですか. 私は服(옷) も買って，映画も見たいです.

また韓国料理(한국요리［한궁뇨리］) もたくさん食べてみたいです.

③ マキさんは慶州に行ってみましたか?

—冬休み(겨울 방학)に行ってみたかったのですが，行けませんでした.

④ 尹東柱(ユン・ドンジュ) の「序詩」，お読みになりましたか? (Ⅲ 보다を用いて)

—まだ読んでいません. 必ず(꼭) 読んでみたいです.

⑤ 友達に会いたいでしょう?

友達に会いたかったでしょう? (過去形)

お友達にお会いになりたいでしょう? (尊敬形)

お友達にお会いになりたかったでしょう? (尊敬形 + 過去形)

⑥ これ，前から(전부터) 食べてみたかったんですよ.

やっぱり(역시〈亦是〉) おいしいですね. (Ⅰ-네요)

前置き表現

相手に話しかけるときや，話し始めるときの表現を観察すると，日本語では「あのう」，「すみません」，「ちょっといいですか」などの表現をよく用いることに気づくだろう．話を始めるときに用いるこうした表現を「前置き表現」と呼ぶ．こうした前置き表現は韓国語にもある．

「すみません」，「ちょっといいですか」を韓国語に直訳すると，次のような表現になる：

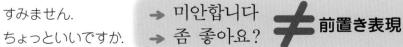

すみません．→ 미안합니다
ちょっといいですか．→ 좀 좋아요?

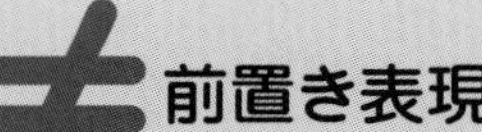

しかし，韓国語ではこうした表現は前置き表現としては用いない．特に미안합니다は謝る場合にのみ用いる表現なので，気をつけよう．

前置き表現には，韓国語では次のようなものを用いる．日本語への直訳を（　）内に付しておく．対照してみると面白い：

저	（あの）
저기	（あそこ）
저기요	（あそこです）
죄송한데요	（申し訳ございませんが）
있잖아요	（あるじゃないですか）

この－요は丁寧化のマーカー

また，話を始める場合は，次のような表現も用いる：

혹시	（ひょっとして）
근데	（ところで）
근데요	（ところでですね）

これらの表現は，仮定や逆接の意味ではなくて，日本語で言えば，「あのですね」，「それでですね」ほどの意味で，前置き表現として用いられるわけである．

前置き表現は何と言っても，最初に話しかけるときの表現なので，相手に自分の第一印象を決定づける表現ともなりうる．とても簡単で短い表現なので，初級のレベルでもうまく用いれば，いきなりぎこちなく話題に入ることを避け，相手に好印象を与えることもできる．「あ，韓国語うまいなあ！」と思われるかもしれない．こうしたちょっとしたこつも会得（えとく）しよう！

李光洙（이광수）を始めとする，韓国の近代の小説家やその作品について調べ，書いてみよう．また韓国の現代の小説も読んでみよう．

→『韓国語教育論講座 第 4 巻』（くろしお出版，2008）などを参考にしてみよう．

제 2 과 와, 이거 예쁘네요. 얼마에요?

わ，かわいいですね．いくらですか．

3

ポイント 으活用． 命令法Ⅱ-세요 …してください．
依頼法 Ⅲ 주세요．…してください 謙譲表現 Ⅲ 드리다 …してさしあげる

●会話 ●서울의 시장에서

アクセサリー（액세서리）を見ている

❶ 마키 ： 와, 이거 예쁘네요. 얼마예요?
❷ 아줌마 ： 그건 5,000원입니다.
❸ 마키 ： 네. 그건요? 좀 보여 주세요.
❹ 이것도 예쁜데요. 얼마죠?
❺ 아줌마 ： 그건 10,000원이에요.
❻ 손님 이런 건 어때요? 예쁘죠?
❼ 마키 ： 네, 정말 예뻐요.
❽ 아줌마 ： 이게 22,000원이에요.
❾ 마키 ： 마음에 드는데 좀 비싸네요.
❿ 아줌마 ： 그럼 특별히 20,000원에 해 드리죠.
⓫ 마키 ： 와, 고맙습니다. 그럼 그걸로 주세요.
⓬ 20,000원, 여기요. 와 예쁘다.
⓭ 아줌마 ： 감사합니다. 예쁘게 쓰세요.

시장	〈市場〉 [ʃidʒaŋ] **市場**
액세서리	[ɛkˀsesɔri] **アクセサリー**．しばしば악세사리や악세서리とも
아줌마	[adʒumma] **おばさん**
예쁘네요	[jeˀpɯnejo] [jeˀpunejo] **かわいいですね**．예쁘다のⅠ -네요
얼마	[ɔːlma] **いくら**
보여 주세요	[pojɔdʒusejo] **見せて下さい**．動詞보이다（見せる）の第Ⅲ語基보여＋주세요．「Ⅲ 주세요」は「…してください」➔文法と表現
예쁜데요	[jeˀpɯndejo] [jeˀpundejo] **かわいいですけど**． 形容詞예쁘다のⅡ 예쁘-＋婉曲法のⅡ -ㄴ데요
손님	[sonnim] **お客様**
건	[kɔn] **のは**．것은の短縮形
예쁘죠？	[jeˀpɯdʒo] [jeˀpudʒo] **かわいいでしょう？** 예쁘다のⅠ -죠
예뻐요	[jeˀpɔjo] **かわいいです**． 예쁘다のⅢ -요
마음에 드는데	[maɯmedɯnɯnde] **気にいっているのですが**．直訳すると，「心に入っているのだが」の意．「마음에 들다」で「気に入る」．드는데は，動詞들다（入る）の第Ⅰ語基に婉曲の接続形語尾 -는데がついた形．ㄹ活用に注意 ➔ p.viii
특별히	〈特別-〉 [tʰɯkˀpjɔri] **特別に**
해 드리죠	[hɛːdɯridʒo] **して差し上げましょう**．動詞하다の第Ⅲ語基에드리다がつき，さらにそのⅠに -죠がついた形． ➔文法と表現
그걸로	[kɯgɔllo] **それを**．그것으로の縮約形． 直訳すると「それで」の意
주세요	[tʃusejo] **下さい**．動詞주다の第Ⅱ語基に -세요がついた形． ➔文法と表現
여기요	[jɔgijo] **どうぞ**．直訳すると「ここです」の意． 会話文のように，「どうぞ」の意で，ものを手渡しする際にも用いる
예쁘다	[jeˀpɯda] [jeˀpuda] **かわいい**．形容詞や存在詞はこのように辞書形と同じⅠ-다形で，話しことばにおいて感嘆を表しうる
감사합니다	〈感謝-〉 [kaːmsa(h)amnida] **ありがとうございます**
예쁘게	[jeˀpɯge] [jeˀpuge] **かわいく**．Ⅰ-게は用言の副詞形を作る
쓰세요	[ˀsɯsejo] **使って下さい**．動詞쓰다の第Ⅱ語基に -세요がついた形． ➔文法と表現．「예쁘게 쓰세요」は直訳すると「かわいく使ってください」だが，「うちで買ってくれたもので，かわいく居らしてくださいね」という願いをこめた，一種の感謝の表現として用いる

文法と表現

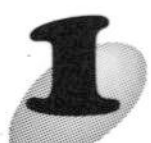

1 으活用の用言

語幹が母音ーで終わる用言は，第Ⅱ語基で母音のーが脱落し，母音調和に従ってㅏ，またはㅓをつける：

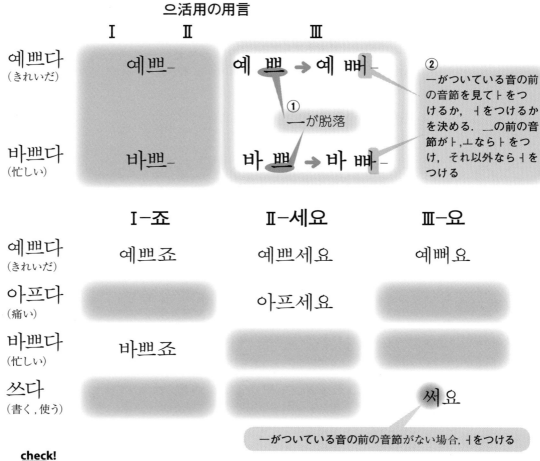

으活用の用言

	Ⅰ	Ⅱ	Ⅲ
예쁘다 （きれいだ）	예쁘-	예쁘-	예 쁘 → 예 뻐-
바쁘다 （忙しい）	바쁘-	바쁘-	바 쁘 → 바 빠-

① ーが脱落

② ーがついている音の前の音節を見てㅏをつけるか，ㅓをつけるかを決める．ーの前の音節がㅏ,ㅗならㅏをつけ，それ以外ならㅓをつける

	Ⅰ-죠	Ⅱ-세요	Ⅲ-요
예쁘다 （きれいだ）	예쁘죠	예쁘세요	예뻐요
아프다 （痛い）		아프세요	
바쁘다 （忙しい）	바쁘죠		
쓰다 （書く，使う）			써요

ーがついている音の前の音節がない場合，ㅓをつける

check! なお，既に学んだように，모르다（知らない）などの르語幹は르変格 ➡ p.ix

おなかがすきました．（「배가 고프다」を用いて）
──あ，おなかがすきましたか（尊敬形で）．
　これちょっと召し上がってください．➡

最近お忙しかったでしょう？
──はい．ちょっと忙しかったですよ．➡

Ⅱ-세요. Ⅱ-십시오 …してください [命令法]

日本語の「…してください」にほぼ相当する. ただし依頼ではなく命令の形なので, 相手の利益になりそうなことや相手が望むこと以外に使うと失礼になる. Ⅱ-세요は해요体, Ⅱ-십시오は합니다体. Ⅱ-세요の세は尊敬の接尾辞の第Ⅱ語基. 십시오は［십씨요］ないしは［십쑈］と発音する：

	Ⅱ-세요	Ⅱ-십시오	…してください
앉다(座る)	앉으세요		
받다(もらう)			
주다(あげる)		주십시오	
오다(来る)			
읽다(読む)			

앉으세요.　　どうぞ.（お座りください.）
도서관은 왼쪽으로 가세요.　　図書館は左へ行ってください.
손님, 이쪽으로 오십시오.　　お客様, こちらへどうぞ.（いらっしゃってください）

check!
さよならの「안녕히 가세요」,「안녕히 계세요」における가세요と계세요もこのⅡ－세요である.

お客様(손님), お入りください(들어오다).
こちらへお座りください(Ⅱ－세요とⅡ－십시오で).
➔

携帯は電源(전원) をお切りください(끄다) (Ⅱ－세요とⅡ－십시오で).
➔

問題(문제) をよく読んでください(Ⅱ－세요とⅡ－십시오で).
➔

Ⅲ 주세요. Ⅲ 주십시오　…してください［依頼法］

日本語の「…してください」に相当する依頼の表現．用言の第Ⅲ語基に動詞주다の命令法**주세요**,**주십시오**の形がついたもの．「**Ⅲ 주세요**」は해요体，「**Ⅲ 주십시오**」は합니다体：

ここは離して書く

	第Ⅲ語基	Ⅲ 주세요	Ⅲ 주십시오
보이다（見せる）	보여-	보여 주세요	보여 주십시오
（ㅣ母音語幹の用言の第Ⅲ語基→ p.vi）			
하다（する）			
오다（来る）			
（오다の第Ⅲ語基は常に와－）			
읽다（読む）			
쓰다（書く，使う）			
（으活用の用言の第Ⅲ語基→ p.14）			
사다（買う）			

잠깐만 기다려 주세요.　少々お待ち下さい.
여기에 전화번호를 써 주세요.　ここに電話番号を書いて下さい.

それちょっと見せてください.

➜

これちょっと見てください.

➜

この韓国語の表現（표현）ちょっと教えてください.（가르치다 教える）

➜

Ⅲ 드리다　…してさしあげる［謙譲］

日本語の「…してさしあげる」，「…させていただく」の謙譲表現に相当する：

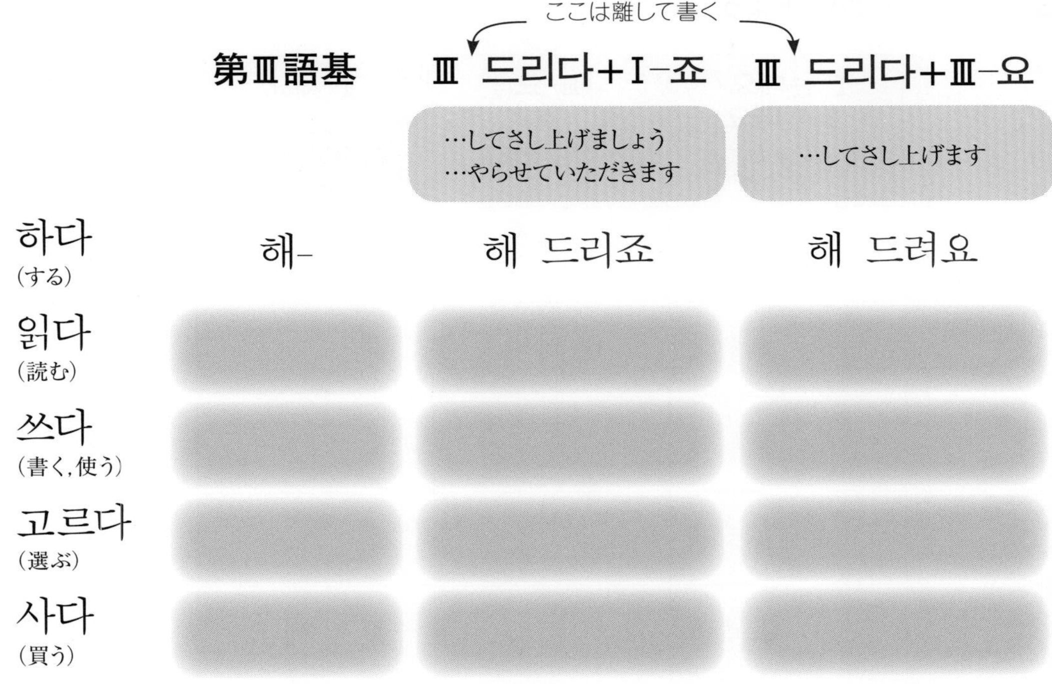

ここは離して書く

	第Ⅲ語基	Ⅲ 드리다＋Ⅰ－죠	Ⅲ 드리다＋Ⅲ－요
		…してさし上げましょう …やらせていただきます	…してさし上げます
하다 （する）	해-	해 드리죠	해 드려요
읽다 （読む）			
쓰다 （書く，使う）			
고르다 （選ぶ）			
사다 （買う）			

level up! 「Ⅲ 드리다」は「…してやる」，「…してくれる」，「…してもらう」の意の「Ⅲ 주다」の**謙譲表現**．なお，謙譲表現とは，自分のことを低めることで，相対的に相手を高める表現．

みんな召し上がりましたか(드시다)？　お下げしましょうか(치우다＋드리다)（Ⅱ－ㄹ까요?）．
──はい，下げてください．

➔

お中元(추석 선물〈秋夕膳物〉)をお送りしておきました(보내다＋드리다)．
──まだ受け取ってませんが(Ⅰ－는데요)．

➔

チャレンジ 2

1 次の表を完成させせよう.

	I−는데요/ II−ㄴ데요 …ですが, …ますが	III−요 …です, …ます	II−세요 …でいらっしゃいます, …なさいます	III−ㅆ−+III−요 … でした …しました
예쁘다 (きれいだ)				
바쁘다 (忙しい)		바빠요		
아프다 (痛い)				
쓰다 (書く)				
모르다 (わからない)			모르세요	
부르다 (呼ぶ, 歌う)				
알다 (知る, わかる)				알았어요
살다 (住む)				
멀다 (遠い)				
슬프다 (悲しい)				
기쁘다 (うれしい)				
길다 (長い)				

チャレンジ 2

2 **次の各文を訳し，ハングルで書いて発音しなさい．**

① すみません，これ，おいくらですか．　──それですか．3500 ウォンですよ．

② その携帯，かわいいですね．（Ⅱ－ㄴ데요を用いる）ちょっと見せてください．
──どうぞ．

③ ソグさんのリュック(배낭〈背嚢(はいのう)〉)，素敵ですね．（Ⅰ－는데요を用いる）
どこで(어디서) お買いになりましたか．教えてください．(가르치다を用いる)

④ A：このスカート(치마)，ちょっと高いですね．
B：高いですか．うーん，じゃあ，特別に 66,000 ウォンにしてさしあげましょう．

⑤ 今お忙しいですか．
──いいえ，大丈夫ですよ．少しだけ待ってください．(기다리다を用いる)

⑥ A：この服(옷) が気に入りました(韓国語は非過去形でいう)．
おばさん，これ(이걸로＝これで) ください．
B：ありがとうございます．きれいに着て(입다) ください．（Ⅱ－세요を用いる）

제 3 과 지금 호텔에서 그림 엽서를 쓰고 있습니다.

今ホテルで絵葉書を書いています.

4

ポイント I-고 있다 …している. 動詞・存在詞の現在連体形I-는 …する…. …している….
後置否定I-지 않다 …しない 体言+같다 …のようだ. …みたいだ

●文章 ●手紙

❶ 석우 씨, 안녕하세요?
❷ 지금 호텔에서 그림 엽서를 쓰고 있습니다.
❸ 처음으로 보는 서울은 모든 게 다 재미있어요.
❹ 맛있는 음식들도 정말 많고 멋있는 곳도 많아요.
❺ 아는 사람은 하나도 없는데 모르는 나라 같지가 않아요.
❻ 일을 하는 사람들, 놀고 있는 아이들 여기서는 다 친구 같아요.
❼ 제가 한국어를 공부하고 있어서 이렇게 느끼는 것 같아요.
❽ 여기에서 한국 역사도 조금씩 공부하고 있습니다.
❾ 서울을 더 많이 보고 싶은데… 사실은 석우 씨도 보고 싶어요.
❿ 서울에서 마키 드림

호텔	[hot^{h}el] **ホテル**
그림 엽서	〈-葉書〉 [kɯrimnjɔp^{ʔ}sɔ 그림념써] **絵葉書**. 発音, **[n] の挿入**が起こる
쓰고 있습니다	[^{ʔ}sɯgo i^{ʔ}sɯmnida] **書いています**. 動詞쓰다の第Ⅰ語基に「-고 있다」がつき, さらにⅠ-습니다形となったもの. ➔文法と表現
처음으로	[tʃ^{h}ɔɯmɯro] **初めて**
보는	[ponɯn] **見る**. 動詞보다の第Ⅰ語基に現在連体形の -는がついた形. ➔文法と表現
모든	[modɯn] 冠形詞 **すべての**
게	[ke] **ものが**. **ことが**. 것이の短縮形
맛있는	[maʃinnɯn 마신는] **おいしい**. 맛있다の第Ⅰ語基に現在連体形の -는がついた形. 口音の鼻音化に注意. ➔文法と表現
음식	〈飲食〉 [ɯmʃi^{k}] **食べ物**. **料理**
-들	[tɯl] 接尾辞 **…たち**. 複数性を表す. ものやことにもつく
멋있는	[mɔʃinnɯn] **素敵な**. 멋있다の第Ⅰ語基に現在連体形の -는がついた形. ➔文法と表現
곳	[ko^{t}] **ところ**
아는	[anɯn] **知っている**. 動詞알다のㄹが落ちた第Ⅰ語基に現在連体形の -는がついた形. ➔文法と表現
모르는	[morɯnɯn] **知らない**. 動詞모르다の第Ⅰ語基に現在連体形のⅠ-는がついた形. ➔文法と表現
나라	[nara] **国**
같지가 않아요	[ka^{tʔ}tʃiga anajo] **…ようではありません**. 形容詞같다 (同じである) の第Ⅰ語基に -지 않다がつき, さらにⅢ -요となった形. ➔文法と表現. 같다は「体言+같다」で「…のようである」「…のように思う」の意
일	[il] **仕事**. **こと**
하는	[hanɯn] **する**. 動詞하다の第Ⅰ語基に現在連体形の -는がついた形. ➔文法と表現
놀고 있는	[nolgo innɯn] **遊んでいる**. 動詞놀다の第Ⅰ語基に「-고 있다」がつき, 現在連体形Ⅰ-는となった形. ➔文法と表現
아이	[ai] **子供**
여기서	[jɔgisɔ] **ここで**. 場所代名詞+で
친구	〈親舊〉 [tʃ^{h}ingu] **友達**

같아요	[gatʰajo] 形容詞 **…みたいです．…のようです．** 같다（同じだ）のⅢ－요．「名詞＋같아요」「名詞＋같습니다」で「…みたいです」．「친구 같아요」は「友達みたいです」「友達のようです」．「친구 같죠?」なら「友達みたいでしょう?」
공부하고 있어서	〈工夫－〉[koŋbu(h)ago iˀsɔsɔ] **勉強しているので．** 공부하다の第Ⅰ語基に「－고 있다」がつき，さらにその第Ⅲ語基に原因を表わす語尾 －서がついた形．➔文法と表現
이렇게	[irɔkʰe] **このように．**「そのように」は그렇게，「あのように」は저렇게． [이러케] という激音化に注意．「ㅎ＋平音」は激音化する． ➔ p.68
느끼는 것 같아요	[nɯˀkinɯn gɔᵗ ˀkatʰajo] **感じるようです．** 動詞느끼다（感じる）の第Ⅰ語基に「－는 것 같다」がついた形．「Ⅰ－는 것 같다」は「…するようだ」「…のように思う」の意．表現を和らげる緩衝表現としても用いられる
것	[kɔᵗ] 依存名詞 **こと．もの．の．** 単独では用いられず，前に必ず修飾する単語を伴って用いられる名詞を**依存名詞**，あるいは**不完全名詞**という．「맛있는 것」なら「おいしいもの」．前の単語とは分ち書きをするが，共和国では直前の単語とつけて書く．것が語尾と結合するとき，話しことばではしばしば短縮形が用いられる：것➔거，것이➔게，것은➔건，것을➔걸
조금	[tʃogɯm] **少し**
－씩	[ˀsiᵏ] 接尾辞 **…ずつ**
공부하고 있습니다	〈工夫－〉[koŋbu(h)ago iˀsɯmnida] **勉強しています．** 動詞공부하다の第Ⅰ語基に「－고 있다」がつき，さらにそのⅠに－습니다がついた形． ➔文法と表現

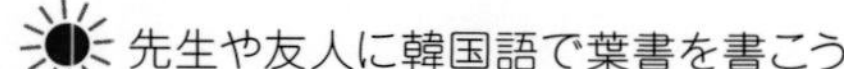

先生や友人に韓国語で葉書を書こう.

3 삼

文法と表現

I -고 있다 …している．…しつつある．［動作の継続］

「今はがきを書いている」のように動作が進行，継続していることを表す形．「**-고**(…して）+**있다**（いる）」は形の上でも日本語の「…している」と似ている．日本語で「…しつつある」と言える「…している」にはこの「**I -고 있다**」が使える：

그림 엽서를 쓰고 있습니다. 　絵葉書を書いています．

학교에 가고 있어요. 　学校に行くところです．（≒行きつつあります）

	I-고 있다+I-거든요 …していますので	I-고 있다+II-면 …していれば	I-고 있다+III-ㅆ어요 …していました
가다	가고 있거든요 用言のI+-고 있다のI+語尾	가고 있으면 用言のI+-고 있다のII+語尾	가고 있었어요 用言のI+-고 있다のIII+接尾辞と語尾
쓰다 （書く）			
먹다 （食べる）			
공부하다 （勉強する）			

「**I -고 있다**」の尊敬形は「**I -고 계시다**」（…していらっしゃる）で表わす：

	I-고 있다+III -요 …しています	I-고 계시다+III -요 …していらっしゃいます
가다 （行く）	가고 있어요 （行きつつあります）	가고 계세요 （行きつつあられます）
쓰다 （書く）		
공부하다 （勉強する）		
읽다 （読む）		

선생님은 지금 수업을 하고 계십니다. 　先生は今授業をなさっておられます．

아버지가 시를 읽고 계셨어요. 　父が詩を読んでいました（韓国語は尊敬形でいう）

level up! 精神的な働きを表す알다(知る), 모르다(知らない)などにも「Ⅰ-고 있다」が使える：

그 책은 알고 있어요.	その本は知っています.
그런 시는 지금까지 모르고 있었어요.	そんな詩は今まで知らずにおりました.

何なさってるんですか?
──猫(고양이)と遊んで(놀다)いました.

週末には韓国ドラマを見ています.
──わあ. 韓国語をご存知だったんですか?
──いいえ. 字幕(자막)で見てますよ.

Ⅰ-는 …する…. …している…. [動詞・存在詞の現在連体形]

用言が体言を修飾するときにとる形を**連体形**と言い, 文を締めくくる形を**終止形**という. 日本語は「読む 本」と「本を 読む」のように連体形と終止形が同様の形を取る. しかし, 韓国語は連体形と終止形はその形が常に異なる. 動詞と存在詞の現在を表す連体形は動詞の第Ⅰ語基に-는をつけて用いる. 「…する…」,「…している…」,「…することになっている…」という意味を表す. 形容詞の現在連体形は第５課参照：

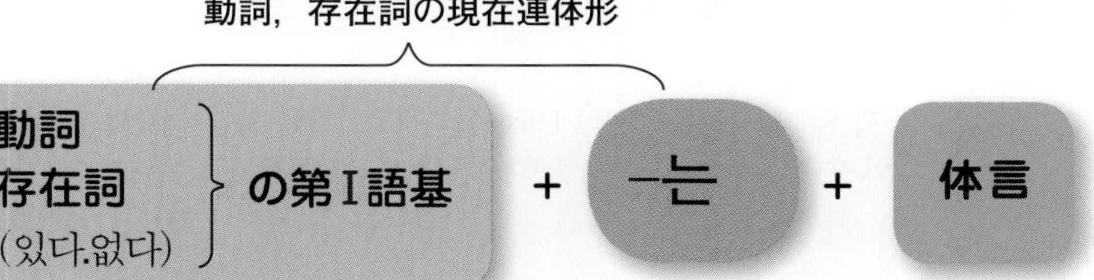

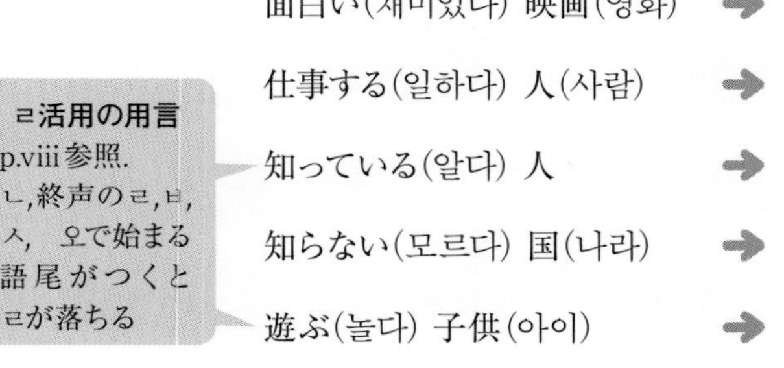

ㄹ活用の用言
p.viii参照.
ㄴ,終声のㄹ,ㅂ,
ㅅ, 오で始まる
語尾がつくと
ㄹが落ちる

面白い(재미있다) 映画(영화) →

仕事する(일하다) 人(사람) →

知っている(알다) 人 →

知らない(모르다) 国(나라) →

遊ぶ(놀다) 子供(아이) →

민아 씨가 읽는 책은 저도 읽어요.　　ミナさんが読む本は私も読みます.

授業がない日はバイト(아르바이트)をします.

➜

韓国にはおいしい食べ物が本当に多いですね.

➜

この話，知っている人は知っていますが，知らない人は知らないんですよ.

➜

Ⅰ-지 않다 …しない［後置否定］

「Ⅰ-지 않다」は用言の後ろにつけて「…しない」「…ではない」という否定の意味を表す．〈副詞안＋用言〉の前置否定はこの後置否定に比べると，より話しことば的：

…しない，
…ではない

check! 「Ⅰ-지 않다の않다」は子音語幹の用言と同じく，規則的な活用を行う：

	Ⅰ	Ⅱ	Ⅲ
Ⅰ-지 않다	-지 않-	-지 않으-	-지 않아-

	Ⅰ-지 않다＋Ⅰ-죠 …しないでしょう	Ⅰ-지 않다＋Ⅱ-세요 …しないでいらっしゃいます	Ⅰ-지 않다＋Ⅲ-요 …しません
가다 （行く）	가지 않죠 用言のⅠ＋-지 않다のⅠ＋語尾	가지 않으세요 用言のⅠ＋-지 않다のⅡ＋語尾	가지 않아요 用言のⅠ＋-지않다のⅢ＋語尾
바쁘다 （忙しい）			
좋아하다 （好きだ）			
받다 （受け取る）			
웃다 （笑う）			

level up! 「**가지 는 않아요**」(行きはしません)のように「-지」と「않다」の間に-가(…が), -는(…は), -도(…も), -를(…を)のような助詞を入れることもある：

그런 얘기는 하지**도** 않았어요. そんな話はしてもいません.

어제는 바쁘지**는** 않았거든요. 昨日は忙しくはなかったです.

모르는 사람 같지**가** 않아요. 知らない人のようではありません.

月曜日は人が多くないでしょう? →

今日はお忙しくありませんか? →

その本は読みませんでした. 
その本は読んでいません.

体言 + 같다 …のようだ. …みたいだ
用言の現在連体形 + 것 같다 …するようだ. …するように思う

体言 + 같다

다 친구 같아요. 皆, 友達みたいです.

動詞・存在詞の現在連体形 + 것 같다 (Ⅰ-는 것 같다)

민아 씨는 집에 없는 것 같아요. ミナさんは家にいないみたいです.

ソウルは東京(동경;도쿄) みたいです.

→

マキさんは行かないみたいです.

→

そのワンピース, とってもよく似合ってますよ(=似合うように思います).

→

マキさんは韓国の食べ物もよく食べるみたいです.

→

外は(밖엔) 雨が降っている(비가 오다) みたいです.

→

3 삼

チャレンジ 3

1 次の表を完成させ，発音してみよう．

	Ⅰ-고 있어요 …しています	Ⅰ-는 …する…
오다(来る)	오고 있어요*	사람
읽다(読む)		책
듣다(聞く)		노래
공부하다(勉強する)		친구
쓰다(書く)		메일

*「오고 있어요」は「来つつあります」の意．

2 次の日本語に従って(　　)の中に適切な単語を，適切な形にして，入れよう．

① これはよく知っている単語です．

이건 잘 (　　　　　) 단어예요.

② あそこにいる人は，誰ですか．

저기 (　　　　　) 사람은 누굽니까?

③ 毎年韓国に行く人がたくさんいます．

매년 한국에 (　　　　　) 사람이 많아요.

④ 今聞こえている(들리다) 歌は，誰の歌ですか．

지금 (　　　　　) 노래는 누구 노래예요?

チャレンジ 3

3 次の文を「Ⅰ-지 않다」を使って否定文に書き換え，日本語に訳そう.

① 아침 밥은 먹어요?

② 요즘은 드라마를 봅니다.

③ 한국요리는 싫어해요.

④ 이거 드셨죠?

⑤ 이 옷은 마음에 들어요.

4 次の各文を訳し，ハングルで書いて発音しよう.

① チウン(지은) さんは今会社(회사) で仕事をしていらっしゃいます.

② 何を書いているのですか.
——これですか(丁寧化の -요/-이요を用いて聞き返す). 友達にクリスマス・カード(크리스마스 카드) を書いているんですが.

③ ソグさんと会う日(날) は多いですか？
——それほど(그렇게) 多くはないですよ. ソグさんは毎日(매일) 学校に行っているようです.(「Ⅰ-는 것 같아요」を用いて)

④ ミナさんは今見ているドラマが面白くて，勉強はしていないようです.(「Ⅰ-는 것 같아요」を用いて)

⑤ あの方は韓国人みたいですね.(「名詞+같아요」を用いて)

3 삼

제 4 과 모르는 단어는 정말 못 알아들어요.

知らない単語はほんとに聞き取れません.

5

ポイント ㄷ変格. 復習

●会話 ●ホテルの職員に道を尋ねる

❶ 마키 : 저기, 죄송한데요.
❷ : "예술의 전당"으로 가는 길을 알고 싶은데요.
❸ 이 지도로 좀 가르쳐 주세요.
❹ 직원 : 손님, 일본 분이시죠? 한국말 너무 잘하시네요.
❺ 한국말은 얼마나 공부하셨습니까?
❻ 마키 : 아, 네. 한 이 년 정도 했어요.
❼ 직원 : 보통 하는 말도 다 알아들으세요?
❽ 마키 : 아뇨, 아직 잘 못 알아듣는 것도 많아요.
❾ 모르는 단어는 정말 못 알아들어요.
❿ 직원 : 아무튼 정말 잘하시는데요.
⓫ 마키 : 아니에요. 그래도 그런 얘기를 들으면 정말 기분이 좋아요.
⓬ 고맙습니다. 그럼, 수고하세요.
⓭ 직원 : 아, 잠깐만요, 손님! "예술의 전당"은요?

単語 단어

직원	〈職員〉 [tʃigwɔn] **職員**
예술의 전당	〈藝術- 殿堂〉 [jesuredʒɔndaŋ] **芸術の殿堂.** 劇場の名
길	[kil] **道**
지도	〈地圖〉 [tʃido] **地図**
가르쳐 주세요	[karɯtʃʰɔ dʒusejo] **教えて下さい.** 가르쳐は動詞가르치다の第Ⅲ語基.「Ⅲ 주세요」で「…してください」→ 2課
한국말	〈韓國-〉 [haŋguŋmal 한궁말] **韓国語.** **口音の鼻音化**に注意
너무	[nɔmu] 副詞 **あまりに. とても**
얼마나	[ɔlmana] **どのくらい**
한	[han] (数詞の前に用いて)**約. おおよそ**
정도	〈程度〉 [tʃɔŋdo] **程度. …くらい**
보통	〈普通〉 [potʰoŋ] 副詞 名詞 **普通**
알아들으세요?	[aradɯrɯsejo] **聞いてお分かりですか.** 動詞알아듣다の第Ⅱ語基に -세요がついた形. 알아듣다はㄷ変格. → 文法と表現
아직	[adʒiᵏ] 副詞 **まだ**
알아듣는	[aradɯnnɯn] **聞いて分かる. 聞きとれる.** 動詞알아듣다の第Ⅰ語基に現在連体形 -는がついた形. **口音の鼻音化**に注意. 알아듣다はㄷ変格. → 文法と表現.「못 알아듣는」は [modaradɯnnɯn 모다라든는] と発音. 終声の初声化 → p.66
단어	〈單語〉 [tanɔ] **単語**
알아들어요	[aradɯrɔjo] **聞いて分かります. 聞きとれます.** 動詞알아듣다の第Ⅲ語基に -요がついた形. 알아듣다はㄷ変格. → 文法と表現
아무튼	[amutʰɯn] **いずれにせよ. とにかく**
그래도	[kɯrɛdo] **それでも**
얘기	[jɛgi] **話.** 이야기[ijagi]の短縮形
들으면	[tɯrɯmjɔn] **聞けば.** 動詞듣다の第Ⅱ語基に**条件を表わす接続形語尾** -면がついた形. 듣다はㄷ変格. → 文法と表現
기분	〈氣分〉 [kibun] **気分. 気持ち.**「기분이 좋다」は「気持ちがいい」「うれしい」
수고하세요	[sugo(h)asejo] **お疲れ様です.** 動詞수고하다の第Ⅱ語基に命令法の -세요がついた形. 明らかな目上の人には使わないほうがよい
잠깐만요	[tʃamˀkanmannjo] [tʃaŋˀkammannjo] **ちょっと待って下さい.** [n]の挿入

文法と表現

ㄷ(ティグッ) 変格

語幹が**ㄷ**で終わる動詞の中には，第Ⅱ語基と第Ⅲ語基で**ㄷ**が**ㄹ**に変わるものがある．このタイプの活用を**ㄷ**変格と呼ぶ．正格活用と比較してみよう：

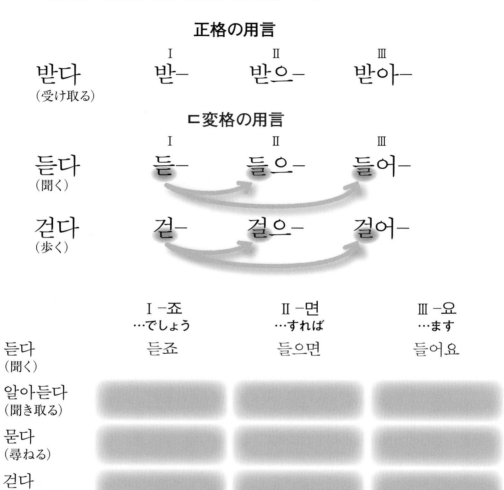

正格の用言

	Ⅰ	Ⅱ	Ⅲ
받다 (受け取る)	받-	받으-	받아-

ㄷ変格の用言

	Ⅰ	Ⅱ	Ⅲ
듣다 (聞く)	듣-	들으-	들어-
걷다 (歩く)	걷-	걸으-	걸어-

	Ⅰ-죠 …でしょう	Ⅱ-면 …すれば	Ⅲ-요 …ます
듣다 (聞く)	듣죠	들으면	들어요
알아듣다 (聞き取る)			
묻다 (尋ねる)			
걷다 (歩く)			

제가 하는 말 다 알아들으세요?

私が言うこと全てお聞き取りになられますか.

어제는 학교에서 지하철 역까지 걸었습니다.

昨日は学校から地下鉄の駅まで歩きました.

check! ㄷ変格は動詞のみで，形容詞のㄷ変格はない.

文法の復習

ミナさんに予定(예정)を尋ねてみましたか(Ⅲ 보다を用いて).

➔

ドラマを聞き取ると本当に嬉しいんです(「기분이 좋다」を用いて).

➔

マキさんが今聞いている(Ⅰ -는)歌は，私が好きな歌ですよ.

➔

今，私の話，聞いてましたか？(Ⅲ -ㅆ어요)ちょっと聞いてください.

➔

成績表(성적표)，もらいましたか.(받다)── はい，もらいました.

➔

スーパー(슈퍼)まで歩いてください.(Ⅱ -세요)
運動(운동)になるじゃないですか.(-가/-이 되다＋Ⅰ -잖아요)

➔

4 사

あいさつの表現

6

메리 크리스마스. メリークリスマス.
새해 복 많이 받으세요. よいお年を．明けましておめでとうございます.
생일 축하합니다. お誕生日おめでとうございます.
즐거운 방학 보내세요. 楽しい夏休み/冬休み/春休みをお過ごしください.

＊즐거운は즐겁다(楽しい)のⅡ -ㄴ連体形 ➔ p.41 ㅂ変格用言
＊보내다 送る

チャレンジ 4

1 次の表を完成させよう.

	Ⅰ-고 싶어요 …したいです	Ⅱ-세요 …してください	Ⅰ-는 것 같아요 …しているみたいです	Ⅲ-ㅆ어요 …でした，…ました
공부하다 (勉強する)				
살다 (住む)				
읽다 (読む)				
부르다 (呼ぶ，歌う)				
고르다 (選ぶ)				
쓰다 (書く，使う)				
알아듣다 (聞き取る)		—		
걷다 (歩く)				
받다 (受け取る)				
듣다 (聞く)				

2 次の各文を訳し，ハングルで書いて発音しよう．

① あの，すみませんが，駅(전철역 [tʃɔntʃʰɔlljɔᵏ 전철력]）へ行く道を知りたいんですが．
——すみません．よく知らないんですが(婉曲法Ⅰ -는데요を用いて)．

② マキさん，昨日，例の(그) 韓国ドラマ見ました？ 毎週(매주) 見ているあのドラマ．
——ええ，見ましたよ．でも，知らない単語が多くて(Ⅲ -서)，
やはり(역시) 全部は(다는) 聞き取れませんでした．

③ ソグさんの話，お聞きになりました？
——いいえ．聞いていません(＝聞けませんでした．못を用いて)．教えてください．

④ 日本語はどのくらい勉強されたのですか．
——えーと，1 年半(일년 [illjɔn 일련] 반) ほど勉強しました．

間投詞に感動し＝とっさの一言！

 感情を表す一言に感動し

感嘆詞とも感動詞とも呼ばれる「間投詞」は，「ええ」，「うわ」，「あら」，「痛っ」，「やった」などの，いわゆる「とっさの一言」をいう．

長く語らずとも自分の感情を瞬間的に表しうるこうした韓国語の「とっさの一言」，日本語に照らしながら，探ってみよう．

●失敗した瞬間の一言：

参ったな
まずい
やばい

큰일났다
어떡해 [어떠케]

●喜びの一言：

わあ
やった

와
예
앗싸
신난다

すごい

대박
끝내준다
대단하다

●驚いた瞬間の一言：

きゃー
うわ

으악
엄마

(엄마：本来の意味は「ママ」．驚いた瞬間のとっさの一言として最も多く用いられる．女性のみ)

あら

어머
아이구

(어머：女性が用いる)

痛っ

아야

びっくりした

깜짝이야

2 誰でも誰にでも丁寧な一言に感動し：どうぞ！　どうも！

様々な場面で，誰でも，誰にでも用いられる，日本語の素晴らしい表現で「どうぞ」，「どうも」という副詞がある．しかし，韓国語では「どうぞ」，「どうも」のような一言では済まない：

動作を表す動詞のⅡ＋-세요

どうぞ

何かを勧めるとき
お座りください …… **앉으세요**（앉다：座る）
召し上がりください …… **드세요**（드시다：召し上がる）

ものを差し出すとき …… **여기요**（여기ここ＋丁寧化の요）

どうも

人と出会ったとき …… **안녕하세요?**（こんにちは）
人と別れるとき …… **안녕히 가세요.**（さようなら）
感謝の気持ちを表すとき ……
- **감사합니다.**（ありがとうございます）
- **고맙습니다.**（ありがとうございます）
- **수고하셨습니다.**（お疲れ様でした）

3 応援の一言に感動し：頑張って！！　ファイト！！

韓国語では何と応援するのだろうか．（　）内の日本語の直訳と対照してみると面白い：

頑張って

丁寧体：
　열심히 하세요（熱心にやってください）
非丁寧体：
　열심히 해（熱心にやって）
　잘해（うまくやって）

いずれも目上には使えない

また外来語で表現される応援の一言は，日本語と韓国語の発音にも興味深い違いが見える：

ファイト
フレーフレー

화이팅（標準語は파이팅）
플레이，플레이 ○○
（後ろに応援する対象となる人の名前をつける）

瞬間を輝かせるとっさの一言，これからも頑張ろう！　**화이팅!**

제 5 과 민아 씨 의논할 일이 있는데, 좀 들어 주세요.

ミナさん，相談したいことがあるんですが，ちょっと聞いてください．

7

ポイント

ㅂ変格．予期連体形Ⅱ-ㄹ …であろう…．…すべき…．…するはずの…．
形容詞の現在連体形Ⅱ-ㄴ …な…．…い…．
禁止の命令法Ⅰ-지 말다 …するな

●会話 ●캠퍼스에서

❶ 석우 : 저, 민아 씨! 의논할 일이 있는데 좀 들어 주세요.
❷ 민아 : 지금이요? 저 잠깐 나갈 데가 있는데. 뭔데요?
❸ 무슨 일 있어요?
❹ 석우 : 저, 사실은요, 제가요, 사랑을 고백하고 싶은데...
❺ 민아 : 네? 저요? 마키 씨는 어떡하구요?
❻ 석우 : 아니, 그게 아니구요, 오해하지 마세요.
❼ 마키 씨예요, 마키 씨.
❽ 민아 : 진짜요?
❾ 그게 뭐가 어려워요, 쉽죠, 쉬워요.
❿ 빨리 고백하세요.
⓫ 마키 씨 같이 좋은 사람, 어디에도 없어요.
⓬ 석우 : 그래도 역시 너무 떨려서요.
⓭ 민아 : 그런 쉬운 일로 고민하지 마세요.
⓮ 용기를 내세요.
⓯ (그리고 저는 혼자 웁니다. 흑흑.)

의논할	〈議論−〉[ɯinon(h)al] **相談する. 話す.** 動詞의논하다（相談する）の第Ⅱ語基に予期連体形語尾 −ㄹがついた形. ➔文法と表現
일	[il] **こと. 仕事.** 일はここでのように依存名詞的にもたくさん用いられる.「의논할 일」は [n] の挿入が起こり「의노날 닐」, さらに「ㄹ＋ㄴ」が「ㄹㄹ」となり [의노날릴] と発音される. ➔ p.71 流音化
있는데	[innɯnde] **あるんだけど. あるんだが.** 있다の第Ⅰ語基に接続形語尾 −는데（…のに. …けど）がついた形. 同じ形で婉曲法の終止形にもなる
잠깐	[tʃamˀkan] **ちょっと**
나갈	[nagal] **行く. 出る.** 動詞나가다（出る, 出かける）の第Ⅱ語基に予期連体形語尾 −ㄹがついた形. ➔文法と表現
데	[te] 依存名詞 **ところ.** Ⅱ −ㄹの直後なので [떼] と濃音化する. ➔ p.61
뭔데요?	[mwɔndejo] **何でしょう?** 뭐（何）＋指定詞−이다のⅡ＋婉曲法の語尾ㄴ데요. 母音の直後で指定詞−이다の −이− が脱落している
무슨 일	[musɯnnil 무슨닐] **何のこと. 何かことが.** [n] の挿入に注意.「무슨 일 있어요?」は「何かことがあるのですか」で,「どうかしたんですか」の意
사실은요	[saʃirɯnnjo] **実はですね.** [n] の挿入に注意. −요は**丁寧化のマーカー** −요/−이요. この対話に出る「지금이요?」「제가요」「저요?」「어떡하구요?」「아니구요」「진짜요?」「떨려서요」の −요/−이요は全て丁寧化のマーカー. 用法の多様さを確認せよ
사랑	[saraŋ] **愛. 恋**
고백하고 싶은데	〈告白−〉[kobɛᵏkʰago ʃipʰɯnde] **告白したいのですが.** 動詞고백하다（告白する）の第Ⅰ語基に「−고 싶다」（…したい）がつき, さらに「−고 싶다」の第Ⅱ語基に語尾 −ㄴ데がついた形
어떡하구요?	[ɔˀtɔᵏkʰagujo] **どうするんですか.** 動詞어떡하다（どうする）の第Ⅰ語基に語尾 −구に丁寧化の요がついた形. −구は −고のソウルことば形
아니구요	[anigujo] **…ではなくてですね.** 指定詞아니다（…ではない）の第Ⅰ語基に語尾 −구（−고のソウルことば形）＋丁寧化のマーカー −요/−이요の −요がついた形. 그게は그것이の話しことば形
오해하지 마세요	〈誤解−〉[o(h)ɛ(h)adʑi masejo] **誤解しないで下さい.** 動詞오해하다（誤解する）の第Ⅰ語基に「−지 마세요」がついた形. ➔文法と表現
진짜	〈眞−〉[tʃinˀtʃa] 副詞 名詞 **本当. 本物**
어려워요	[ɔrjɔwɔjo] **難しいんですか.** 形容詞어렵다の第Ⅲ語基に語尾 −요がついた形. 어렵다はㅂ変格活用. ここでは反語的な表現. ➔文法と表現
쉽죠	[ʃwiᵖˀtʃo] **簡単でしょう.** 形容詞쉽다の第Ⅰ語基に語尾 −죠がついた形. 쉽다はㅂ変格活用. ➔文法と表現

쉬워요	[ʃwiwɔjo] **簡単ですよ**. 形容詞쉽다の第Ⅲ語基に語尾 -요がついた形. 쉽다はㅂ変格活用. ➡文法と表現
빨리	[ˀpalli] 副詞 **早く**
고백하세요	〈告白-〉[kobɛᵏkʰasejo] **告白して下さい**. 動詞고백하다（告白する）の第Ⅱ語基に命令法の語尾 -세요がついた形
같이	[katʃʰi] 助詞 **…のように**. 体言の直後に用いられて比較の対象を表わす같이は助詞. それ以外の같이は副詞
그래도	[kɯrɛdo] 接続詞 **それでも. でも**
역시	[jɔkˀʃi] 副詞 **やはり**
떨려서요	[ˀtɔlljɔsɔjo] **震えるので. 緊張するので**. 動詞떨리다（震える）の第Ⅲ語基に原因を表す語尾 -서がつき，丁寧化の語尾 -요がついた形
쉬운	[ʃwiun] **簡単な. たやすい**. 形容詞쉽다の第Ⅱ語基に語尾 -ㄴがついた形. 쉽다はㅂ変格活用. ➡文法と表現
고민하지 마세요	〈苦悶-〉[komin(h)adʒi masejo] **悩まないで下さい**. 動詞고민하다（悩む）の第Ⅰ語基に -지 마세요がついた形. ➡文法と表現
용기를 내세요	〈勇氣-〉[joŋgirɯl nɛsejo] **勇気を出して下さい**. 「**용기를 내다**」（勇気を出す）の第Ⅱ語基に命令法の語尾 -세요がついた形
혼자	[hondʒa] **1人で**
웁니다	[umnida] **泣きます**. 動詞울다（泣く）の第Ⅱ語基に語尾 -ㅂ니다がついた形. 울다はㄹ活用. ㅂで始まる語尾がつくときは，ㄹが落ちる. ➡p.viii
흑흑	[hɯᵏkʰɯᵏ] 副詞 **しくしく**

文法と表現

1 ㅂ(ピウプ)変格活用の用言

語幹がㅂで終わる用言の多くは，第Ⅱ語基では語幹のㅂがなくなり，**우**がつく．ㅂ+**으**が母音**우**に変わり，第Ⅲ語基では語幹のㅂがなくなり，**워**がつく．これをㅂ変格活用と呼ぶ：

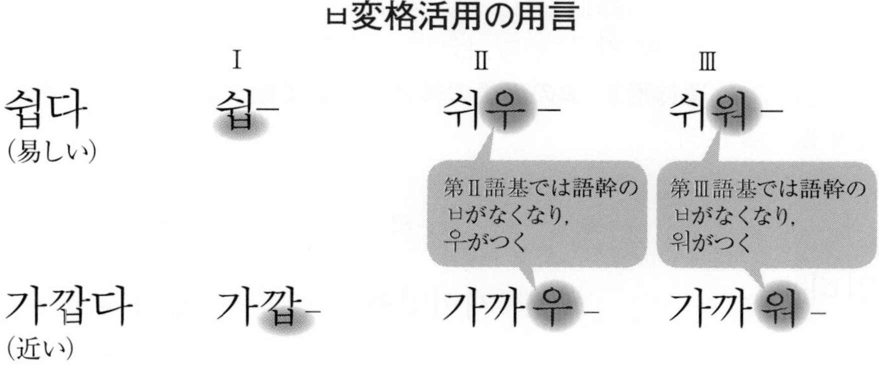

level up! ㅂ変格用言の中でも**곱다**(きれいだ)と**돕다**(手伝う)は，第Ⅰ語基は**곱-**，**돕-**，第Ⅱ語基は**고우-**，**도우-**で上の活用と同様であるが，第Ⅲ語基は**고와-**，**도와-**のように母音が**-와-**になる．

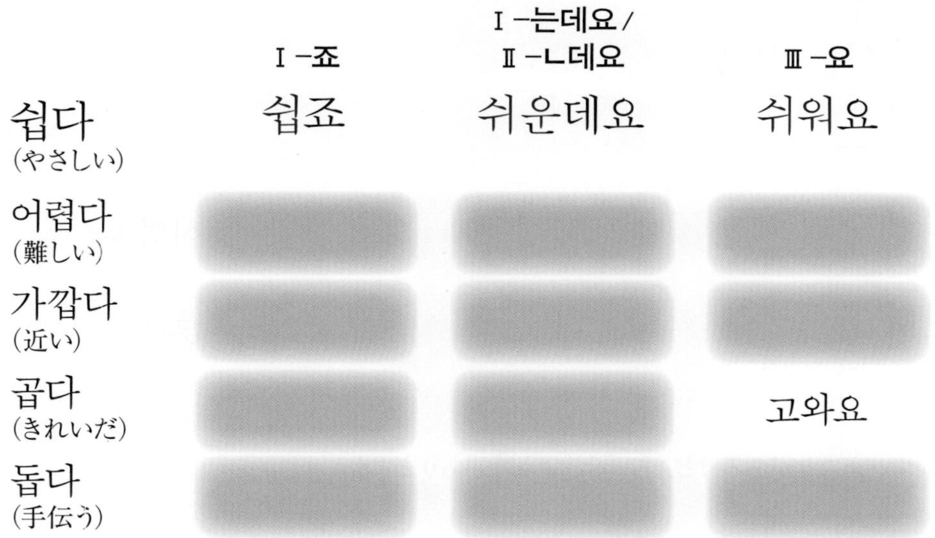

	Ⅰ-죠	Ⅰ-는데요/ Ⅱ-ㄴ데요	Ⅲ-요
쉽다 (やさしい)	쉽죠	쉬운데요	쉬워요
어렵다 (難しい)			
가깝다 (近い)			
곱다 (きれいだ)			고와요
돕다 (手伝う)			

level up! 共和国では**곱다**と**돕다**のみならず，ㅂ変格活用の用言は語幹の最後の母音が陽母音ならば，第Ⅲ語基では母音**와**に変わる．

5 오

A：한국어는 뭐가 어려워요?　韓国語は何が難しいですか．

B：最初は発音が難しかったです．今は難しくありません．

予期連体形Ⅱ -ㄹ …であろう…．…すべき…．…するはずの…

動詞，形容詞などの用言の第Ⅱ語基につく -ㄹは，「…するであろう…」，「…すべき…」，「…するはずの…」の意の連体形．알다（知る，わかる），살다（住む）のようなㄹ語幹の用言にはㄹが落ちた形につく．**連体形Ⅱ -ㄹの直後の体言が平音で始まる場合，その平音はすべて濃音化する．** → p.61

	Ⅱ -ㄹ	+ 体言
재미있다（面白い）	재미있을	영화（面白いであろう映画）
좋아하다（好きだ）	좋아할	사람（好きであろう人）
만나다（会う）		친구（会うであろう友達）
부르다（呼ぶ，歌う：르変格の用言）		노래（歌うであろう歌）
듣다（聞く：ㄷ変格の用言）		강의（聞くであろう講義）
쉽다（易しい：ㅂ変格の用言）		시험（易しいであろう試験）
살다（住む：ㄹ活用の用言）		동네（住むであろう町）

相談すべきことがあるけど，ちょっと会う時間ありますか．

→

今聞く歌は，マキさんが好きそうな歌ですよ．

→

level up! 「…するとき」は，名詞 **때**(とき)を用いてⅡ-ㄹ 때，「…したとき」はⅢ-ㅆ을 때で表す：

韓国に行くとき：한국에 갈 때

韓国に行ったとき：한국에 갔을 때

3 形容詞の現在連体形Ⅱ -ㄴ …な…，…い….

形容詞や指定詞(-**이다**，**아니다**)の現在連体形は第Ⅱ語基に**-ㄴ**をつけ，「…な…」，「…である…」の意を表す．そういう状態である，ということ．動詞や存在詞(있다，없다)の現在連体形はⅠ-**는**． ➡ 第３課 p.25：

	Ⅱ -ㄴ	+ 体言
예쁘다	예쁜	엽서(かわいいはがき)
어렵다		책(難しい本)
비싸다		가방(高いカバン)
좋다		시(良い詩)
멀다		나라(遠い国)
보고 싶다		친구(会いたい友達)
학생이다		석우(学生であるソグ)
친구가 아니다		사람(友達ではない人)

易しい単語はたくさん聞き取れます． ➡

会いたい友達にメールを書きました． ➡

5 오

禁止の命令法Ⅰ –지 말다 …するな

動作を表す動詞の第Ⅰ語基につく「**–지 말다**」はその動詞が表す動作を禁止する.「**–지 말다**」の말다は**ㄹ**語幹の用言なので,**ㅅ**で始まる語尾,命令法のⅡ **–세요**がつくと**ㄹ**は落ちる.「**–지 말아요**」は目上には使えない:

	用言のⅠ+**–지 말다**のⅡ+**–세요** …しないでください	用言のⅠ+**–지 말다**のⅢ+**–요** …しないで
가다 (行く)	가지 마세요	가지 말아요
오해하다 (誤解する)		
먹다 (食べる)		
보다 (見る)		

그런 일로 고민하지 마세요.　そんなことで悩まないでください.

내일 약속 잊지 마세요.　明日の約束忘れないでください.(잊다 忘れる)

この話はしないでください.

➔

授業には遅れないでください.(遅れる 늦다)

➔

このコンピュータ(컴퓨터)は使わないでください.(使う 쓰다)

➔

チャレンジ 5

1 次の表を完成させよう.

	動詞・存在詞の現在連体形 Ⅰ−는　…する…	形容詞・指定詞の現在連体形 Ⅱ−ㄴ　…な…, …である…	予期連体形 Ⅱ−ㄹ　…であろう…
멋있다 (素敵だ)	카페	—	사진
어렵다 (難しい)	—	번역	외국어
쉽다 (易しい)	—	책	한국어
예쁘다 (かわいい)	—	가방	옷
알다 (知る, わかる)	시	—	얘기
울다 (泣く)	아이	—	아이
모르다 (わからない)	단어	—	말
좋아하다 (好きだ)	노래	—	노래

2 次を訳してみよう.

今日の試験, 易しかったですか?

—いいえ, ちょっと難しかったですよ.

—あまり心配しないでください. (걱정하다を用いて)

いつも(언제나) うまくできたじゃないですか. (잘하다).

제 6 과 아무튼 다들 잘 됐네요. 행복하세요!

とにかくみんな良かったですね．お幸せに！

8

ポイント 特殊な過去形. 判断法Ⅰ-겠- …しそうだ. …する

●会話 ●1ヶ月後、キャンパスで

〔한 달 후, 캠퍼스에서〕

❶ 석우, 마키 ：김 선생님, 안녕하세요?

❷ 김 선생님 ：네, 안녕하세요? 석우 씨, 좋겠네요. 축하해요.

❸ 석우 ：예, 감사합니다. 용기를 내서 고백했습니다.

❹ 김 선생님 ：잘했어요. 공부도 열심히 하세요.

〔더 걸어가니까〕

❺ 석우, 민아 ：안녕하세요?

❻ 김 선생님 ：어? 어, 안녕하세요?

❼ 민아 ：선생님, 제 남자 친구를 소개하겠습니다.

❽ 김 선생님 ：네? 아니, 석우 씨. (그럼 마키 씨는...?)

❾ 석호 ：아니, 전 석우가 아니라 석우 형, 박석홉니다.

❿ 처음 뵙겠습니다.

⓫ 김 선생님 ：뭐라구요? 형이에요? 아휴, 이거 죄송합니다.

⓬ 석우 씨랑 너무 닮았네요.

⓭ 아무튼 다들 잘 됐네요!

⓮ (다 같이) 여러분도 행복하세요!

単語 단어

한	[han] **1つの.** 固有語数詞하나の連体形. 固有語数詞 ➡ p.80
달	[tal]（固有語数詞について）**…か月.（暦の）月.** 이달（今月）, 다음달（来月）, 내달（来月）, 지난달（先月）
후	〈後〉[hu]（時間的に）**後. のち.** 時間的に前の意では, 전(前)を用いる. 한 달 전（1か月前）
좋겠네요	[tʃok^{h}ennejo 조켄네요] **幸せそうですね. 幸せなことでしょうね. 良さそうですね.** 좋다の第Ⅰ語基に判断法の -겠- がつき, その第Ⅰ語基に発見的な感嘆を表す語尾 -네요がついた形.「ㅎ+ㄱ」➡ [ㅋ] の激音化と, [^{t}]+[n] ➡ [n]+[n] という口音の鼻音化に注意
축하해요	〈祝賀-〉[tʃ^{h}u^{k}k^{h}a(h)ɛjo] **おめでとうございます.** 激音化に注意. 目上には합니다体の「축하합니다.」がよい
걸어가니까	[kɔrɔgani$^{?}$ka] **歩いて行くと.** 動詞걸어가다（歩いて行く）の第Ⅱ語基に契機を表す接続形語尾 -니까がついた形. **Ⅱ-니까**は**契機**や**理由**を表す語尾
남자 친구	〈男子 親舊〉[namdʒa tʃ^{h}ingu] **彼氏. 恋人.**「남자 친구」は直訳すると「男の友達」の意であるが, 普通「ボーイフレンド」の意で用いることが多い
소개하겠습니다	〈紹介-〉[sogɛ(h)age$^{?}$sɯmnida] **紹介します.** 動詞소개하다の第Ⅰ語基に判断法の接尾辞 -겠- がつき, 語尾 -습니다がついた形. ➡文法と表現
형	〈兄〉[hjɔŋ]（男性から見て）**兄**
박석호	〈朴錫昊〉[pa$^{k?}$sɔk^{h}o 박써코] **パク・ソッコ.** 人名.「ㄱ+ㅎ」➡ [ㅋ] の激音化に注意
처음 뵙겠습니다	[tʃ^{h}ɔɯm pwe$^{p?}$ke$^{?}$sɯmnida] **初めまして.** 直訳すると「初めてお目にかかります」の意. ➡文法と表現
뭐라구요?	[mwɔragujo] **何ですって?** 뭐+-라고（…と）のソウルことば形 -라구+**丁寧化の-요**
아휴	[a(h)ju] 間投詞 **ああ**
닮았네요	[talmannejo 달만네요] 似ていますね. 動詞닮다（似る）の第Ⅲ語基に過去の接尾辞 -ㅆ- がつき, 語尾 -네요がついた形. [^{t}]+[n] ➡ [n]+[n] という口音の鼻音化に注意➡文法と表現
잘 됐네요	[tʃaldwɛnnejo] **よかったですね.** 잘 되다（うまくいく）の第Ⅲ語基に過去の接尾辞 -ㅆ- がつき, 語尾 -네요がついた形. 되다は「なる」という意の動詞であるが,「良かった」の意以外にも,「**結構です**」の意の「**됐어요**」など, **何かを断る場合の談話表現**としても用いられる. [^{t}]+[n] ➡ [n]+[n] という口音の鼻音化に注意
행복하세요	〈幸福-〉[hɛŋbok^{h}asejo] **お幸せに.** 形容詞행복하다の第Ⅱ語基に命令法の語尾 -세요がついた形. 一般に形容詞には語尾 -세요はつかないが, 행복하다（幸せだ）や조용하다（静かだ）のような一部の形容詞には語尾 -세요がつく.「ㄱ+ㅎ」➡ [ㅋ] の激音化に注意

文法と表現

特殊な過去形

過去の接尾辞Ⅲ **-ㅆ-** は基本的に過去のことがらを表す．しかし，次のような特定の用言では過去形が現在のことがらを表す：

	辞書形	現在のことがらを表わす過去形
…に似ている：	닮다	-를/-을 닮았다
残っている：	남다	남았다（=남아 있다）
結婚している：	결혼하다	결혼했다
まだまだである：	멀다	멀었다

석우 씨는 아버지를 닮았네요.　ソグさんはお父さんに似ていますね.

수업 시간까지 15분 남았어요.　授業時間まであと 15 分残っています.

한국어를 잘하시네요. — 아니에요. 아직 멀었습니다.
韓国語がお上手でいらっしゃいますね.
—いえいえ，まだまだです.

マキさんは誰に似ていますか.

➔

うちのお兄さん(우리 오빠)は結婚しています.

➔

A：今お金(돈)はいくら残っていますか.

➔

B：—1000 円(천 엔)しか(밖에)残っていません.(안を用いる)

➔

A：家はまだですか.

➔

B：—ええ，まだまだです.

➔

2 Ⅰ-겠- …しそうだ．…する［判断法］

第Ⅰ語基につく -겠- は，話をやりとりしている現場における話し手の判断を表す接尾辞．「…する」「…しそうだ」という意を表す．

Ⅰ-겠- の活用

-겠- も接尾辞なので，語尾をつけるために３つの語基に形を変える：

Ⅰ）-겠-　　Ⅱ）-겠으-　　Ⅲ）-겠어-

次のような２つの場面による用法がある：

動作や状態の主体が話し手であり，かつ話し手の意志でコントロールできる動作を表す動詞につく場合

「私が…する」という，話の現場における話し手の意志を表わす

지금부터 발표를 시작하**겠**습니다.　　これから発表を始めます．
제 여자 친구를 소개하**겠**습니다.　　僕の彼女を紹介いたします．
그 일은 제가 하**겠**습니다.　　その仕事は私がやります．

頑張って(열심히)勉強します．→

次(다음)は私が歌を歌います．→

level up! 疑問文では，聞き手の意志を尋ねる：

선생님도 같이 가시**겠**어요?　　先生も一緒に行かれますか．

用いられる用言が，非意志的な動作を表す場合

「…しそうだ」という様子を表わす

오후에 비가 오**겠**는데요.　　午後雨が降りそうですね．(비가 오다 雨が降る)
오늘은 정말 바빠서 죽**겠**어요.　　今日は本当に忙しくて死にそうです．

試験(시험)でしょう？（Ⅰ -죠)緊張するでしょうね．(떨리다を用いる)

→

大学の合格(합격)おめでとうございます．嬉しいでしょうね．(좋다の尊敬形 +-겠-)

→

雪が降りそうですね．(눈이 오다 雪が降る)

→

★その他1　알다(知る，わかる)，모르다(わからない)

Ⅰ-겠-を用いない알아요 ➔「知っています」

Ⅰ-겠-を用いた알겠어요 ➔「わかります」「わかりそうです」

「話の現場で判断してみると，わかりそうだ」という気持ち．

모르다(わからない)も同様.알다(知る，わかる)，모르다(わからない)はⅠ-겠-が用いられる動詞のうち，最も使用頻度の高い用言である．

지금 설명은 알겠어요?　　今の説明はわかりますか．

— 네, 잘 알겠습니다.　　はい，よくわかりました．

— 아뇨, 잘 모르겠어요.　　いいえ，よくわかりませんが．

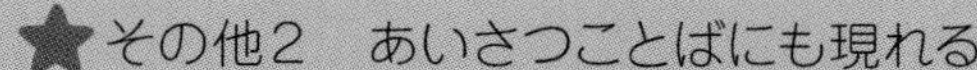

★その他2　あいさつことばにも現れる

처음 뵙겠습니다.

(はじめまして．初めてお目にかかります)

A：この単語(단어)はよくわかりません．ちょっと教えてください．

➔

B：— 私もよくわかりませんが．あ，わかりました．

➔

「はじめまして」という(-라는)意味(뜻)です．

➔

チャレンジ 6

1 次の各文を訳し，ハングルで書いて発音しよう.

① マキさんは，お父さん似ですか．お母さん似ですか.
——私ですか．そうですね．父に似ているんですよ.

② この仕事，ミナさんがなさいますか.（尊敬形+Ⅰ-겠- で）
——はい，承知しました.（알다とⅠ-겠- を用いて）私がやります.（Ⅰ-겠- を用いて）

③ 韓国語お上手ですね．——いいえ，まだまだですよ.

④ 金先生，ほんとうに(정말) ありがとうございました.（非過去形で）
これからも(앞으로도) 韓国語をいっしょけんめい(열심히) 勉強します.（Ⅰ-겠-を用いて）

⑤ a：合格おめでとう！
b：ありがとうございます．ほんとに一生懸命勉強しました.
c：がんばりましたね．すごいですよ.
d：いいですねー．ほんとにうらやましいですよ(부럽다).
e：ほんとに良かったですね．これからも健闘を祈ります(건투를 빌다).

육 6

9

 課

'방학' 이나 '주말' 에 하고 싶은 일을 파트너와 얘기해 봐요. 먼저 회화를 들어 보고 아래의 질문에 답을 써 보세요. 또 들은 회화를 참고로 해서 파트너와 서로 질문하고 대답해 보세요.

「休暇」や「週末」にやりたいことを，パートナーと語り合いましょう．まず会話を聞いてみて，次の質問に対し答えを書いてみましょう．また聞いた会話を参考にして，パートナーと互いに質問し，答えてみましょう．

問い 질문

1. 존슨 씨는 방학 때 무엇을 왜 하고 싶어요 ?
2. 은지 씨는 방학 때 무엇을 왜 하고 싶어요 ?

10

2 課

마트나 백화점 , 시장에 가서 필요한 물건을 사 볼까요 ? 먼저 회화를 들어 보고 아래의 질문에 답을 써 보세요. 또 들은 회화를 참고로 파트너 중 한 명이 점원이 되고 한 명은 손님이 되어 필요한 것과 값 등을 서로 질문하고 대답해 보세요.

ショッピングセンターやデパートや市場に行って，必要なものを買ってみましょう．まず会話を聞いてみて，下の質問に答えを書いてみましょう．また聞いた会話を参考に，パートナーのうち一人が店員になり，一人は客となって，必要なものと価格などを互いに質問し，答えてみましょう．

問い 질문

1. 민준 씨는 무슨 옷을 샀어요 ? 색깔과 사이즈도 말해 보세요 .
2. 점원은 민준 씨에게 왜 뭘 권했어요 ?

3 課

11

친구와 선생님, 가족에게 메일이나 편지를 써 볼까요?
자신의 근황을 알리고 파트너의 근황과 안부도 물어 보세요.
먼저 음성의 메일을 들어 보고 아래의 질문에 답을 써 보세요.
또 들은 메일 내용을 참고로 자신의 메일을 완성시키고 서로 발표해 봐요.

友達と先生，家族にメールや手紙を書いてみましょう．
自分の近況を知らせ，パートナーの近況と安否も尋ねてみましょう．
まず音声のメールを聞いてみて，下の質問に答えを書いてみてください．また聞いたメールの内容を参考に，自分のメールを完成させ，互いに発表してみましょう．

問い 질문

1. 나나미 씨는 누구와 어디서 뭘 하고 있어요?
2. 나나미 씨는 누구에게 어떤 근황을 묻고 있어요?

 課

12

파트너에게 여러가지 궁금한 정보를 물어 볼까요?
질문을 받은 친구는 아는 한 자세히 설명해 주세요.
아래의 예를 참고로 질문해 봐요.

パートナーにいろいろ尋ねたい情報を訊いてみましょう．
質問された人は，知っている限り，詳しく説明してください．
下の例を参考に質問してみましょう．

問い 질문

*죄송한데요, 화장실이 어디예요?
*죄송한데요, "산"과 "상"은 발음이 어떻게 달라요?
*깜짝 놀랐을 때 말하는 "어떡해"라는 단어는 철자가 어떻게 돼요?
*죄송한데요, 여기서 광화문 역은 어떻게 가죠?
*여기 가까운 곳에 주차장이 있을까요?
*정말 발음이 좋으세요. 한국어는 얼마나 공부하셨어요?

13

5課

친구에게 고민을 상담해 봐요.

가벼운 고민을 한번 얘기해 볼까요?
먼저 회화를 들어 보고 아래의 질문에 답을 써 보세요. 또 들은 회화를 참고로 파트너에게 서로 상담하고 대답해 주세요.

友達に悩みを相談してみましょう.
軽い悩みをちょっと話ししてみましょうか.
まず会話を聞いてみて，下の質問に答えを書いてみてください.
また，聞いた会話を参考に，パートナーに互いに相談し，答えてください.

問い 질문

1. 짜이웨이 씨는 민희 씨에게 무슨 상담을 했어요? 민희 씨는 어떤 조언을 해 주었어요?
2. 올리비아 씨는 소연 씨에게 어떤 상담을 했어요? 소연 씨는 어떤 조언을 해 주었어요?

6 課

14

드디어 우리 한국어 클라스가 끝나는 날이에요. 한국어 수업을 들으며 어떤 즐거운 일이 있었는지 한번 얘기해 봐요. 목표를 달성한 친구에겐 꼭 칭찬을 해 주세요.
먼저 회화를 들어 보고 아래의 질문에 답을 써 보세요.
들은 회화를 참고로 파트너와 함께 각자의 이야기를 해 보세요.

ついに私たちの韓国語クラスが終わる日です．韓国語の授業を受け，どんな楽しいことがあったか，一度話をしてみましょう．目標を達成した仲間は，ぜひ褒めてあげてください．
まず会話を聞いて，下の質問に対する答えを書いてみてください．
聞いた会話を参考に，パートナーと共にお互いに語り合いましょう．

問い 질문

1. 유카 씨는 한국어 공부를 하고 요즘에 어떤 즐거운 일이 있어요？
2. 벤자민 씨는 한국어 공부를 하고 앞으로 어떤 계획을 가지고 있나요？

会話の日本語訳（1～6課）

1

① **金先生**： マキさんは，休みはどこかお行きになりたいですか？
② **マキ**　： ええ，韓国に行ってみたいです.
③ 　　　　　 前から１度行って，直接見て，勉強したかったんですけどね.
④ **金先生**： そうですか．どこどこに行ってみたいですか？
⑤ **マキ**　： ソウルにも行ってみたいですし，慶州にも行ってみたいです.
⑥ **ソグ**　： あ，私がマキさんを１度案内したいですね.
⑦ **金先生**： あはは，ソグ君も，いやー．ミナさんは？
⑧ **ミナ**　： うーん，韓国にも帰りたいですが，実は別の国へ語学研修にも行きたいです.
⑨ **金先生**： 本当に勉強に意欲がありますね.
⑩ 　　　　　 マキさん，ミナさん，一生懸命頑張って下さい．ファイト！
⑪ **ソグ**　： （えっ，先生，私は？）

2

［ソウルの市場で］
① **マキ**　　：わあー，これ，かわいいですね．いくらですか.
② **おばさん**：それは５千ウォンです.
③ **マキ**　　：はい．それは？ ちょっと見せて下さい.
④ 　　　　　　 これもかわいいですね．おいくらでしょう.
⑤ **おばさん**：それは１万ウォンです.
⑥ 　　　　　　 お客様，こんなのはどうですか．かわいいでしょう？
⑦ **マキ**　　：ええ，本当にかわいいですね．いくらですか.
⑧ **おばさん**：これは２万２千ウォンです.
⑨ **マキ**　　：気に入りましたけど，ちょっと高いですね.
⑩ **おばさん**：うーん，じゃあ，特別に２万ウォンにしてさし上げましょう.
⑪ **マキ**　　：わあー，ありがとうございます．じゃあ，それを下さい.
⑫ 　　　　　　 ２万ウォン，どうぞ．わ，かわいい.
⑬ **おばさん**：ありがとうございます．かわいく(使って下さい) ね.

3

① ソグさん，こんにちは.

② 今ホテルで絵葉書を書いています.
③ 初めて見るソウルは，あらゆるものがみな面白いですよ.
④ おいしい食事も本当に多くて，素敵な場所もたくさんあります.
⑤ 知っている人は１人もいないのですが，知らない国のような気がしません.
⑥ 仕事をする人々，遊んでいる子供たち，ここではみな友達のようです.
⑦ 私が韓国語を勉強しているので，このように感じるみたいです.
⑧ ここで韓国の歴史も少しずつ勉強しています.
⑨ ソウルをもっとたくさん見たいのですが… 実はソグさんにも会いたいです.

⑩ ソウルから マキ

① **マキ**：あの，すみませんが．
② 　　　：〈芸術の殿堂〉へ行く道を知りたいのですが．
③ 　　　　この地図でちょっと教えて下さい．
④ **職員**：お客様，日本の方でいらっしゃるでしょう？ 韓国語，本当にお上手でらっしゃいますね．
⑤ 　　　　韓国語はどのくらい勉強されましたか．
⑥ **マキ**：あ，はい．約2年ほどしました．
⑦ **職員**：普通にしゃべることばもすべて聞いてお分かりになるんですか．
⑧ **マキ**：いいえ，まだよく聞き取れないことも多いですよ．
⑨ 　　　　知らない単語は，本当に聞き取れません．
⑩ **職員**：とにかく，本当にお上手ですねえ．
⑪ **マキ**：いえいえ．でも，そう言われると，本当にうれしいですよ．
⑫ 　　　　ありがとうございます．では，ごくろうさまでした．
⑬ **職員**：あっ，ちょっと待って下さい，お客様！〈芸術の殿堂〉は？

［キャンパスで］
① **ソグ**：あの，ミナさん！ 相談したいことがあるんですけど，ちょっと聞いて下さい．
② **ミナ**：今ですか．私ちょっと行くところがあるんですけど．何でしょう？
③ 　　　　どうかしたんですか．
④ **ソグ**：あの，実はですね，私がですね，愛を告白したいんですけど…
⑤ **ミナ**：え？ 私ですか．マキさんはどうするんですか．
⑥ **ソグ**：いや，そうじゃなくてですね，誤解なさらないで下さい．
⑦ 　　　　マキさんです，マキさん．
⑧ **ミナ**：本当ですか．
⑨ 　　　　それ，何が難しいんですか，簡単でしょ，簡単ですよ．
⑩ 　　　　早く告白なさったら．
⑪ 　　　　マキさんのようにいい人，どこにもいませんよ．
⑫ **ソグ**：それでも，やはりあんまりにもびびっちゃって．
⑬ **ミナ**：そんな簡単なことで悩まないで下さい．
⑭ 　　　　勇気を出して下さい．
⑮ 　　　　（そして，私は1人で泣きます．しくしく．）

①**ソグ, マキ**：金先生，こんにちは.
②**金先生**：こんにちは．ソグさん，幸せそうですね．おめでとう.
③**ソグ**：はい，ありがとうございます．勇気を出して，告白しました.
④**金先生**：えらいですね．勉強も一生懸命がんばって下さい.

［さらに歩いて行くと］
⑤**ソグ, ミナ**：こんにちは.
⑥**金先生**：あれ？ あ，こんにちは.
⑦**ミナ**：先生，私の彼を紹介します.
⑧**金先生**：え？ いや，ソグさん.（じゃ，マキさんは…？）
⑨**ソコ**：いや，私はソグではなく，ソグの兄のパク・ソッコです.
⑩　初めまして.
⑪**金先生**：何ですって？ お兄さんですか．ああ，こりゃ失礼しました.
⑫　ソグさんとよく似てますね.
⑬　ともかく，みなよかったですね！
⑭**(みんな一緒に)**：みんなもお幸せに！

発音の変化のまとめ

文字の上でのハングルの表記と，実際の発音が異なることがある．それら発音の変化は単語欄でも扱われているが，ここで整理しておこう．以下，太ゴシック体の小見出しでは，“Cという環境（条件）で，Aという音がBという音に替わる”とき，“[Cという環境で]，Aは → Bとなる”，のように表しておく．

1 有声音化

平音ㅂ, ㄷ, ㅈ, ㄱは，[語中の有声音の間で] →有声音化する：澄んだ音も語中で濁る

平音ㅂ，ㄷ，ㅈ，ㄱは単語の頭，即ち語頭では日本語の清音のように澄んだ音（無声音）[p][t][tʃ][k] だが，単語の中で有声音（母音，鼻音，流音）に挟まれると，日本語の濁音のように濁った音（有声音）[b][d][dʒ][g] になる．これを**有声音化**という．この無声音の平音と有声音の平音は，日本語母語話者にとっては別の音として認識されるが，韓国語母語話者にとっては同じ音として意識されており，区別がない．ゆえに同じ字母が用いられているわけである．また，韓国語では有声の子音[b][d][dʒ][g] が語頭に来ることはない：

부부 [pubu] 〈夫婦〉夫婦　　도달 [todal] 〈到達〉到達
자기 [tʃagi] 〈自己〉自分　　기자 [kidʒa] 〈記者〉記者
그거 [kɯgɔ] それ

平音のㅅ [s][ʃ] は語頭でも語中でも濁ることはない：

사실 [saʃil] 〈事實〉事実　　기사 [kisa] 〈記事〉記事

2単語以上にまたがっても，つけて発音されれば，この現象が同様に起きる：

안녕히 가세요 [annjɔŋigasejɔ] 〈安寧−〉さようなら

なお，韓国語では，母音や子音のうち，鼻音，流音も**有声音**であり，子音のうち，[p][t][tʃ][k] で実現する平音と，濃音，激音が，**無声音**に属する．

2 濃音化

2-1 〈つまる音 [^{p}][^{t}][^{k}] ＋ 平音〉→〈つまる音 [^{p}][^{t}][^{k}] ＋ 濃音〉

[口音の終声 [^{p}][^{t}][^{k}] の直後で]，平音 ㅂ, ㄷ, ㅅ, ㅈ, ㄱ は，→ 濃音化する

つまる音，つまり口音の終声 [^{p}]（文字の上では ㅂ, ㅍ, ㄼ, ㄿ, ㅄ）；[^{t}]（文字の上ではㄷ, ㅌ, ㅅ, ㅆ, ㅈ, ㅊ, ㅎ）；[^{k}]（文字の上ではㄱ, ㅋ, ㄲ, ㄳ, ㄺ）の直後では，平音ㅂ，ㄷ，ㅅ，ㅈ，ㄱは濁らず，濃音で発音される：

육백 [육빽 ju^{kʔ}pɛ^{k}] 〈六百〉六百

꽃다발 [꼳따발 ^{ʔ}ko^{tʔ}tabal] 花束　　학생 [학쌩 hak^{ʔ}sɛŋ] 〈學生〉学生

잡지 [잡찌 tʃa^{pʔ}tʃi] 〈雜誌〉雑誌　　학교 [학꾜 ha^{kʔ}kjo] 〈學校〉学校

2単語以上にまたがっても, つけて発音されれば, この現象が同様に起きる：

한국 분 [한국뿐 hangu^{kʔ}pun] 〈韓國–〉韓国の方

2-2 子音語幹(しいんごかん)の用言における語尾の平音の濃音化

[子音語幹の用言において], 語尾の頭の平音 ㄷ, ㅅ, ㅈ, ㄱは, → 濃音化する

子音語幹の用言の語幹に, 平音で始まる語尾がつくとき, その平音は濃音で発音される. この子音語幹の最後の子音は, [^{p}][^{t}][^{k}]のみならず, ㅁ [m]や ㄴ [n]であっても同様である：

남다 [남따 nam^{ʔ}ta] 残る　　남지요 [남찌요 nam^{ʔ}tʃijo] 残るでしょう?

신게 [신께 ʃin^{ʔ}ke] 履くように　　신고 [신꼬 ʃin^{ʔ}ko] 履いて

먹습니다 [먹씀니다 mɔk^{ʔ}sɯmnida] 食べます

子音語幹のうち語幹末の終声字母がㅎ, ㄶ, ㅀで書かれる用言は, 濃音化ではなく, **激音化**を起こす：

좋다 [조타 tʃot^{h}a] 良い　　좋지요 [조치요 tʃotʃ^{h}ijo] 良い

また, **ㄹ語幹の用言**では濃音化は起こらない：

알다 [알다 alda] 知る. わかる　　알고 [알고 algo] 知る. わかる

次の2つを比べてみよう. ㄹ語幹では濃音化は起こらず, 子音語幹では濃音化が起こっている：

안다 [안다 anda] 知っている. わかっている
[ㄹ語幹のㄹが脱落した語幹아–] + [鼻音で始まる語尾–ㄴ다]

안다 [안따 an^{ʔ}ta] 抱く
[子音語幹안–] + [平音で始まる語尾–다]

2-3 漢字語におけるㄹ(リウル)の直後の平音の濃音化

[漢字語においては], 平音 ㄷ, ㅈ, ㅅ は, → [ㄹの後ろで] 濃音化する

漢字語において, 歯の位置で発音される平音である ㄷ [t], ㅈ [tʃ], ㅅ [s] [ʃ] は, ㄹの後ろでは有声音化せず, 濃音化する. この濃音化は文字の上には現れない：

발달 [pal^{ʔ}ta] 〈發達〉発達　　발전 [pal^{ʔ}tʃɔn] 〈發展〉発展

발사 [pal$^{?}$sa] 〈發射〉発射

漢字語でも平音 ㅂ, ㄱ は, 濃音化せず, 有声音化する：

일본 [ilbon] 日本　　　출구 [tʃʰulgu] 〈出口〉出口

固有語ではㄹの後ろでも, 濃音化しないのが原則である：

멀다 [mɔlda] 遠い　　　알죠 [aldʒo] 知ってますよ

2-4 ㄹ(リウル)連体形の直後の平音の濃音化

[Ⅱ-ㄹ連体形の直後で], 平音 ㅂ, ㄷ, ㅅ, ㅈ, ㄱ は, → 濃音化する

用言の連体形の1つである予期連体形Ⅱ-ㄹの直後では, 平音ㅂ, ㄷ, ㅅ, ㅈ, ㄱは濁らず, 濃音で発音される. この濃音化も文字の上では変化はない：

갈 데 [갈떼 kal$^{?}$te] 行く(べき)ところ

할 사람 [할싸람 hal$^{?}$saram] する(であろう)人

먹을 거 [머글꺼 mɔgɯl$^{?}$kɔ] 食べる(べき)もの

할 거예요 [할꺼에요 hal$^{?}$kɔejo]～[할꺼에여 hal$^{?}$kɔejɔ] するでしょう

2-5 漢字語における例外的な濃音化

[特定の漢字において], 有声音の直後の平音が → 濃音化するものがある

漢字語において例外的に, 母音や平音, 鼻音など有声音の直後でも濃音化するものがある. これらは概ねごく限られた漢字に現れるもので, 次のようなものが代表的な例である. 文字の上では変化はなく, 発音のみが変わる：

평가〈評價〉[평까] 評価　　　물가〈物價〉[물까] 物価

내과〈內科〉[내꽈] 内科　　　안과〈眼科〉[안꽈] 眼科

치과〈齒科〉[치꽈] 歯科　　　일어과〈日語科〉[이러꽈] 日本語科

성과〈成果〉[성꽈] 成果　　　사건〈事件〉[사껀] 事件

인권〈人權〉[인꿘] 人権　　　인기〈人氣〉[인끼] 人気

문법〈文法〉[문뻡] 文法　　　헌법〈憲法〉[헌뻡] 憲法

만점〈滿點〉[만쩜] 満点　　　이점〈利點〉[이쩜] 利点

상장〈賞狀〉[상짱] 賞状　　　문자〈文字〉[문짜] 文字

한자〈漢字〉[한짜] 漢字

＊**교과서**〈教科書〉「教科書」はアナウンサーがニュース等で使用する〈標準語〉では［**교과서** kjo:gwasɔ］と発音されるが，日常のソウルことばでは［**교꽈서** kjoˀkwasɔ］と発音される．「**과 선배**」「学科の先輩」なども同様で，日常的には［**꽈선배**］のごとく，普通は濃音化する．

＊**물건**〈物件〉は「品物．物」の意では［**물건** mulgɔn］と発音され，不動産などの「物件」の意では［**물껀** mulˀkɔn］と発音される．

2-6 合成語における濃音化

［2つの単語が結合して合成語を作る場合に］，2つのうち後ろの単語の頭音の平音が → 濃音化するものがある

固有語**바다**「海」と固有語**가**「へり．縁」が結合し「海辺」という単語を作るが，この際に［**바다까**］のごとく，後ろの単語の頭の平音は濃音化する．どのような組み合わせで濃音化するかは，結合する単語ごとに決まっている．この時，前の単語が母音で終わる場合には，**바닷가**のごとく，**사이시옷**［saisioᵗ サイシオッ］と呼ばれる**ㅅ**を終声字母の位置に書く．子音で終わる単語にこの**사이시옷**は書かない．この濃音化は，後ろの要素が固有語であれば，前の要素が固有語でなくとも起こることがある：

바다 ＋ 가 ➡ 바닷가［바다까 padaˀka］
海 ＋ へり　海辺

비빔 ＋ 밥 ➡ 비빔밥［비빔빱 pibimˀpaᵖ］
混ぜること ＋ ご飯　ピビンパ

＊合成語におけるこの濃音化には，上の例のように必ず濃音化するものがある一方で，**일본사람**〈日本–〉などのように，［**일본싸람** ilbonˀsaram］と濃音化したり，［**일본사람** ilbonsaram］のように濃音化されなかったりと，人によって発音が異なる例も存在する．

3 鼻音化（びおんか）

3-1 〈口音 [ᵖ][ᵗ][ᵏ] ＋ 鼻音〉→〈鼻音 [m][n][ŋ] ＋ 鼻音〉

[鼻音の直前で]，口音の終声 [ᵖ][ᵗ][ᵏ] は，→ 鼻音化し [m][n][ŋ] となる

つまる音，つまり口音の終声 [ᵖ]（文字の上では ㅂ，ㅍ，ㄼ，ㄿ，ㅄ）；[ᵗ]（文字の上ではㄷ，ㅌ，ㅅ，ㅆ，ㅈ，ㅊ，ㅎ）；[ᵏ]（文字の上ではㄱ，ㅋ，ㄲ，ㄳ，ㄺ）は，直後に鼻音 [m]，[n] が来ると，必ず鼻音化し，それぞれ [m]，[n]，[ŋ] となる．これは口音が同じ位置で発音する鼻音に変化するもので，**口音の鼻音化**と呼ぶ．[ᵖ]と[m]，[ᵗ]と[n]，[ᵏ]と[ŋ] はそれぞれ唇や舌は同じ位置，同じ形で発音していることを確認しよう．唇や舌は同じ形で，のどひこを下げて鼻に息を抜くと，口音が鼻音になるわけである．口音の鼻音化は音のレベルのみで起こり，文字の上では変化はない：

口音＋鼻音 [m]

[ᵖ] ＋ [m] ➡ [m] ＋ [m]　입문 [임문 immun] 入門
[ᵗ] ＋ [m] ➡ [n] ＋ [m]　이것만 [이건만 igɔnman] これだけ
[ᵏ] ＋ [m] ➡ [ŋ] ＋ [m]　한국말 [한궁말 hanguŋmal] 韓国語

口音＋鼻音 [n]

[ᵖ] ＋ [n] ➡ [m] ＋ [n]　앞날 [암날 amnal] 将来
[ᵗ] ＋ [n] ➡ [n] ＋ [n]　옛날 [옌날 jennal] 昔
[ᵏ] ＋ [n] ➡ [ŋ] ＋ [n]　학년 [항년 haŋnjɔn] 学年

3-2 初声 ㄹ[r] の鼻音[n]化

[鼻音の終声 ㅁ[m]，ㅇ[ŋ] の直後で]，初声の流音ㄹ[r] は，→ 鼻音[n]となる

鼻音の終声ㅁ[m]，ㅇ[ŋ] の直後で，初声の流音ㄹ[r] は，鼻音の[n] に変化する．これを**流音の鼻音化**と呼ぶ．発音上でのみ起こり，文字には現れない：

심리 [심니 simni] 心理　　종로 [종노 tʃoŋno] 鍾路：ソウルの地名

[口音の終声 [ᵖ][ᵗ][ᵏ] の直後で]，初声の流音ㄹ[r] は，→ 鼻音[n]となり → 口音の終声 [ᵖ][ᵗ][ᵏ] も → 鼻音化する

口音のㅂ，ㅍ，ㄼ，ㄿ，ㅄ [p]；ㄷ，ㅌ，ㅈ，ㅊ，ㅆ，ㅅ，ㅎ [t]；ㄱ，ㅋ，ㄲ，ㄳ，ㄺ [k] の直後では，初声のㄹ [r] は，鼻音の[n] に変化する．さらにこの鼻音の[n] は，3-1の現象により口音の終声を鼻音化させる：

[ᵖ] ＋ [r]　　[p] ＋ [n]　　[m] ＋ [n]
입력 ➡ [입녁] ➡ [임녁 imnjɔᵏ] 入力

[ᵗ] + [r] [t] + [n] [m] + [n]

몇 리 ➡ [멷니] ➡ [면니 mjɔnni] 何里

[ᵏ] + [r] [k] + [n] [m] + [n]

독립 ➡ [독닙] ➡ [동닙 toŋniᵖ] 独立

4 ㄴ[n] の ㄹ[l] 化 = 流音化(りゅうおんか)

4-1 〈 ㄹ[l] + ㄴ[n] 〉〈 ㄴ[n] + ㄹ[r] 〉→〈流音[ll]〉

ㄴ[n] と ㄹ[r あるいは l] は, [互いに接すると], → 流音化し [ll] となる

ㄴ[n] と ㄹ[r,l] が隣り合うと, ㄴ[n] は [ㄹ l] に変化し, [ㄹㄹ ll] と発音される. これを**流音化**という. 文字には現れない. [ll] の発音は, [l] を発音した後に一度舌を口の天井から離してからまた [l] を発音するのではなく, [l] の形で舌を天井につけたまま音を長く持続させるだけである. つまり音としては [l] の長子母 [lː] である：

終声の ㄴ [n] + 初声の ㄹ [r] ➡ [ll]

신라 [실라 ʃilla] 新羅

終声の ㄹ [l] + 初声の ㄴ [n] ➡ [ll]

실내 [실래 ʃillɛ] 室内

4-2 ㄹ[r] で始まる漢字語の接尾辞は流音化せず, 鼻音化する

ただし, 4-1の場合に, 終声の ㄴ[n] に ㄹ[r] で始まる漢字語の接尾辞が結合する際には, [ll] とならず, [nn] で発音される：

정신력 [정신녁 tʃɔŋʃinnjɔᵏ] 精神力 의견란 [의견난 ɯigjɔnnan] 意見欄

なお, 単語によっては, また人によっては, この際にも, [nn] ではなく, [ll] と発音されることがある. 標準発音は [nn] の方である：

음운론 [음운논 ɯmunnon ~ 음울론 ɯmullon] 音韻論

5 終声の初声化

5-1 〈終声 + 次の音節の母音〉→〈次の音節の初声+母音〉

終声は, [次の音節が母音で始まると], → 次の音節の初声となる

終声は直後に母音が来ると, その母音の音節の初声として発音される. これを**終声の初声化**と呼ぶ.

終声の初声化が起きる際に，平音の終声は [p] → [b] のような有声音化も起こす:

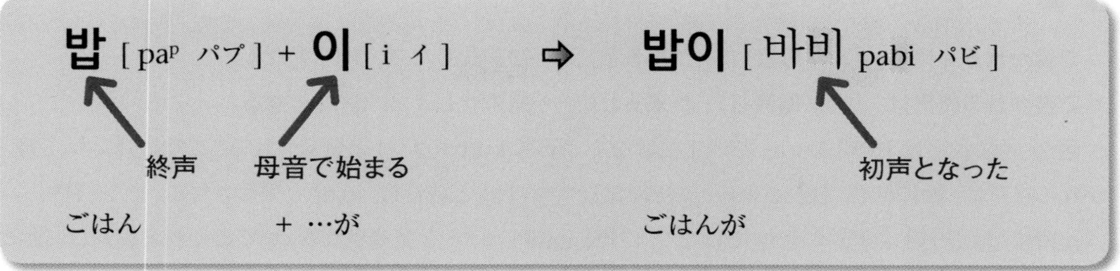

終声の初声化は次のような**音節構造の変容**である:

母音 + 子音 + 母音 ⇨ 母音 + 子音 + 母音

この終声の初声化は，どこまでも**発音上の変化**で，文字の上には現れない．これを文字上に表すと，次のような変化が起こっていることになる:

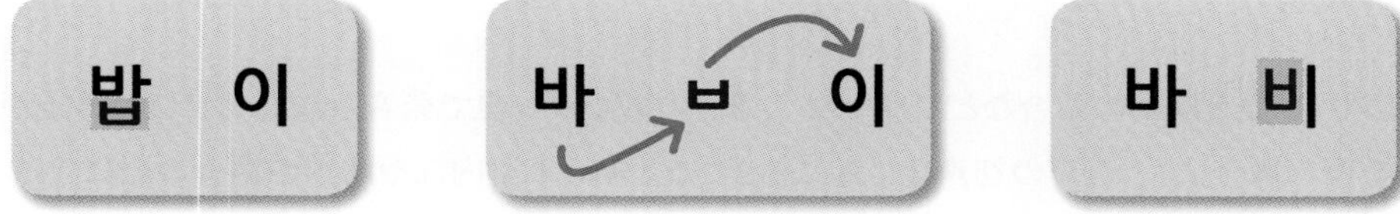

집은 [지븐 tʃibɯn] 家は
받아 [바다 pada] 受け取り
옷이 [오시 oʃi] 服が
낮에 [나제 nadʒe] 昼に
인터넷이 [인터네시 int^{h}ɔneʃi] インターネットが
꽃이 [꼬치 ^{ʔ}kotʃ^{h}i] 花が
있어요 [이써여 i^{ʔ}sɔjɔ]～[이써요 i^{ʔ}sɔjo] あります
한국어 [한구거 hangugɔ] 韓国語
돈은 [도는 tonɯn] お金は
밤에 [바메 pame] 夜に
방이 [방이 paŋi] 部屋が

＊ㅇ[ŋ] は語頭の初声には立ち得ないが，**방이**[paŋi] などのように，語中の初声には現れうる．

＊**방이** などに現れる**初声化した** ㅇ[ŋ] は，鼻にかかった，日本語で言ういわゆる「ガ行鼻濁音」の「ガ，ギ，グ，ゲ，ゴ」に概ね相当する．［**방이** paŋi パんイ，パキ゜］ であって，［**바기** pagi パギ］ではないことに注意．

終声 ㄹ [l] は初声化すると [r] で発音される:

말 [말 mal] ことば ⇨ 말이 [마리 mari] ことばが

5-2 〈終声字母 ㄷ,ㅌ＋母音ㅣ〉→〈 [dʒi] [tʃʰi] 〉

ㄷで書かれる終声は, [次に母音ㅣ[i] が来ると] , → 初声化し [지 dʒi] となる
ㅌで書かれる終声は, [次に母音ㅣ[i] が来ると] , → 初声化し [치 tʃʰi] となる

굳이 (強いて) は [구디 kudi クディ] ではなく, [구지 kudʒi クジ] と発音される. このように, ㄷで書かれる終声は, 次に母音 ㅣ[i] が来ると, 初声化しつつ ㅣ[i] と結合し, [dʒi] と発音される. また, 같이 (一緒に) は [가티 katʰi カティ] ではなく, [가치 katʃʰi カチ] と発音される. ㅌで書かれる終声は, 次に母音 ㅣ[i] が来ると, 初声化しつつ ㅣ[i] と結合し, [tʃʰi] と発音されるわけである. この現象を口蓋音化と呼ぶ. 口蓋音化の現れる単語は極めて限られている:

굳이 [구지 kudʒi クジ] 強いて　　같이 [가치 katʃʰi カチ] 一緒に

5-3 2単語にまたがる終声の初声化

[単語の資格を持つ自立的な要素が結合する際に] , 非自立的な要素の結合と異なる初声化が起こるものがある

1つの単語内部や, 単語と助詞の結合などだけでなく, 2つの単語が一息で発音されたり, 2つの単語が結合して合成語を作る場合にも, 終声の初声化は起こる. このとき, 1単語内部や助詞の結合の際に起こる終声の初声化とは, 異なった音で初声化するものがある:

単語単独では

맛 [맏 maᵗ マッ] 味

➡ **後ろに助詞や指定詞など, 非自立的な要素が来ると**

맛이 [마시 maʃi マシ] 味が　**＊助詞-이との結合**

맛입니다 [마심니다 maʃimnida マシムニダ] 味です　**＊指定詞-입니다との結合**

➡ **後ろに独立した単語など, 自立的な要素が来ると**

맛없어요 [마덥써여～마덥써요 madɔpˀsɔjɔ ～ madɔpˀsɔjo マドプソヨ]
おいしくありません　**＊存在詞없어요との結合**

잎 [입] 葉

➡ 잎이 [이피] 葉が　　➡ 잎 위 [이뷔] 葉の上

못 [몯] 釘

➡ 못이 [모시] 釘が　　➡ 못 아래 [모다래] 釘の下

못 [몯] …できない（不可能を表す副詞）

➡ "못" 이 [모시]　（副詞の）"못"が　＊助詞-이との結合

➡ 못 옵니다 [모돔니다]　来られません　＊動詞옵니다との結合

➡ 못 와요 [모돠여～모돠요]　来られません　＊動詞와요との結合

➡ 못 알아들어요 [모다라드러여～모다라드러요]

聞き取れません　＊動詞알아들어요との結合

ことばは常に音がまずあって，それを文字にどう表すかが人為的に決められる．例えば英語では，現在の英語で皆が [nait] と発音している単語を，今は knight（騎士）と night（夜）とに書き分けることによって，文字の上で視覚的に意味を区別している．

ハングルでは，「잎」と書いているものを［입］と発音するのではない．実は逆で，単独では［입］と発音する単語のうち，後ろに助詞など非自立的な要素が来ると ［이피］[ipʰi] のごとく，音が交替して発音上で ［ㅍ］ が現れる単語を，「잎」と書いているのである．後ろに非自立的な要素が来ても，［이비］[ibi] と発音される単語は，「입」と書くことにしている．単独の単語では発音は同じでも，こうした表記によって文字の上で視覚的に，「잎」（葉）と「입」（口）という2つの単語を区別しうるわけである．

このように，**終声の初声化を起こして，その終声が他の音に交替するものは，交替した音を表す終声字母を用いて，最初から終声字母の位置に書く**ことにしている．ハングルの面白い工夫である．

6 ㅎ（ヒウッ）による激音化（げきおんか）

6-1 〈つまる音 [ᵖ][ᵗ][ᵏ] ＋ ㅎ[h]〉→〈激音 [pʰ][tʰ][kʰ]〉

口音（こうおん）の終声 [ᵖ][ᵗ][ᵏ] は，[直後に ㅎ[h] が来ると]，→ 初声化し，激音化する

つまる音，つまり口音の終声 [ᵖ]（文字の上では ㅂ, ㅍ, ㄼ, ㄿ, ㅄ）；[ᵗ]（文字の上ではㄷ, ㅌ, ㅅ, ㅆ, ㅈ, ㅊ, ㅎ）；[ᵏ]（文字の上ではㄱ, ㅋ, ㄲ, ㄳ, ㄺ）は，直後にㅎ [h] が来ると，それぞれ対応する激音 [pʰ], [tʰ], [kʰ] で発音される．また，速い発音では口音の終声は脱落する．これらは発音上だけの変化で，文字表記には現れない：

[ᵖ] ＋ ㅎ [h]		[ᵖ] ＋ [pʰ]		（速い発音で）[pʰ]
급행	➡	[급팽]	➡	[그팽 kɯpʰɛŋ] 急行
[ᵗ] ＋ ㅎ [h]		[ᵗ] ＋ [tʰ]		（速い発音で）[tʰ]
못하다	➡	[몯타다]	➡	[모타다 motʰada] できない
[ᵏ] ＋ ㅎ [h]		[ᵏ] ＋ [kʰ]		（速い発音で）[kʰ]
역할	➡	[역칼]	➡	[여칼 jɔkʰal] 役割

6-2 〈終声字母 ㅎ[ᵗ] ＋ 平音〉→〈激音〉

[ㅎ[ᵗ] で書かれる終声字母の次に来る] 平音 ㄷ[t], ㄱ[k] , ㅈ[tʃ] は, → 激音化する

終声字母 ㅎ[ᵗ] で書かれる音節の直後に来る平音の ㄷ[t], ㄱ[k], ㅈ[tʃ] は, それぞれ全て激音に変わる. 速い発音では [ᵗ] も脱落する:

ㅎ[ᵗ] ＋ ㄷ[t]　　[ᵗ] ＋ [tʰ]　　(速い発音で) [tʰ]

좋다 ➡ [존타] ➡ [조타 tʃotʰa] 良い

ㅎ[ᵗ] ＋ ㄱ[k]　　[ᵗ] ＋ [kʰ]　　(速い発音で) [kʰ]

좋게 ➡ [존케] ➡ [조케 tʃokʰe] 良く

ㅎ[ᵗ] ＋ ㅈ[tʃ]　　[ᵗ] ＋ [tʃʰi]　　(速い発音で) [tʃʰ]

좋지 ➡ [존치] ➡ [조치 tʃotʃʰi] いいよ

終声字母 ㅎ[ᵗ] **で書かれる音節の直後に来る平音の** ㅅ[s] は**濃音化**し, [ˀs] で発音される:

ㅎ[ᵗ] ＋ ㅅ[s]　　[ˀs]

좋습니다 ➡ [조씁니다 tʃoˀsɯmnida] 良いです

終声字母 ㅎ[ᵗ] で書かれる音節の直後に母音が来る場合は, ㅎは全く発音されない:

ㅎ ＋ 母音　　[ゼロ] ＋ 母音

좋아요 ➡ [조아여～조아요 tʃoajɔ ～ tʃoajo] 良いです

ここでも音が先にあって, こうした表記となっている. つまり順序としては, 終声字母「ㅎ」を [ㄷ] と発音するというわけではなく, 逆に, 終声を [ㄷ] と発音する音節のうち, 次に平音が来ると, その平音が激音化される場合に, 終声 [ㄷ] を終声字母「ㅎ」で書くことにしているのである. 要するに終声字母「ㅎ」は, **〈発音の上で激音化を引き起こす終声** [ㄷ] 〉を示しているということになる.

また, 終声字母「ㅎ」の後ろに母音が現れると, 「**좋아요**」[**조아여～조아요**] のごとく, [**조**] の音節に終声は現れないし, 次の音節[**아**]にも初声は現れない. 終声字母「ㅎ」の後ろに平音が結合するときも, 結局激音化して終声は現れないのだから, 終声 [ㄷ] はもともとないのだと考えることも理論的には可能である. その場合は, 終声字母「ㅎ」は単なる**激音化のマーカー**ということになる.

6-3 〈終声字母 ㄶ[n], ㅀ[l] ＋ 平音〉→〈[n], [l] ＋ 激音〉

[ㄶ[n], ㅀ[l] で書かれる終声字母の次に来る] 平音 ㄷ[t], ㄱ[k] , ㅈ[tʃ] は, → 激音化する

옳다 [올타 olt^ha] 正しい　　　싫고 [실코 $ʃilk^ho$] 嫌いで

많지 [만치 $mantʃ^hi$] 多いさ

cf. 많아 [마나 mana] 多いよ

cf. 많습니다 [만씀니다 $man^ʔsɯmnida$] 多いです

この場合の終声字母「ㅎ」自体は，何らかの終声を表記しているわけではなく，完全に単なる**激音化のマーカー**として表記されているものである．この場合の終声字母「ㅎ」の次に母音が来ると，「**많아**」［**마나**］のごとく，[h] の音は全く現れない．つまり［ㅎ］の音が弱化したりしているのではなく，［ㅎ］の音はもとから存在しないわけである．「**많습니다**」［**만씀니다**］のように，終声字母「ㅎ」の次に[ㅅ]が来ると，濃音化して[ㅆ]で発音される．

7 ㅎ（ヒウッ） [h] の弱化

7-1 〈有声音に挟（はさ）まれた ㅎ[h]〉→〈有声の [ɦ]〉→脱落

ㅎ[h] は，［有声音に挟まれると］，→ 有声音の [ɦ] になったり，脱落したりする

사회 [sa(h)we]（社会）や**전화** [tʃɔn(h)wa]（電話）のように，母音，鼻音ㅁ，ㄴ，流音ㄹといった有声音の間に挟まれたㅎ [h] は，声帯が震え，声がついている [h]，つまり有声の [h] である [ɦ] となったり，さらには脱落したりする．こうした[h]を本書では (h) のように( )に入れて表記する：

						本書の発音表記
사회	➡	[saɦwe]	➡	[sawe 사외]	社会	[sa(h)we]
전화	➡	[tʃɔnɦwa]	➡	[tʃɔnwa 저놔]	電話	[tʃɔn(h)wa]
말해	➡	[malɦɛ]	➡	[marɛ 마래]	言え	[mar(h)ɛ]

なお，**좋아요**［**조아요**］〜［**조아여**］（良いです）や**싫어요**［**시러요**］〜［**시러여**］（嫌いです）のように，終声字母に書かれる「ㅎ」の次に母音が来る場合には，ㅎは弱化して脱落するのではなく，もともと全く発音されない．こうした場合の「ㅎ」は**激音化のマーカー**として表記されているものである．上記，6-2, 6-3参照．

8 [n] の挿入

8-1 〈終声子音 ＋ [i][j]〉→〈終声子音 ＋ [n] ＋ [i][j]〉

［2つの形態素が結合するとき］，［終声子音＋ [i] か [j] であれば］，→ 間に [n] が挿入されることがある

일본＋**요리**（日本＋料理）は，〈終声の初声化〉（→ 5-1 〜 5-3）を起こして［**일보뇨리**］と発音される

のではなく，〈終声の初声化〉を起こさず，常に［일본뇨리］と発音される．このように，2つの形態素（=意味を実現しうる最小の音の単位．単語や助詞，語尾など）が結合する際に，前の要素が子音で終わり，後ろの要素が [i] や [j] で始まるとき，[i] や [j] の直前に [n] が挿入されることがある．これを **[n]（エヌ）の挿入**と言う．

こうした条件であれば，常に [n] の挿入が起きる組み合わせがあり，常に[n]の挿入が起きない組み合わせがあり，また，[n] の挿入が起きたり起きなかったりする組み合わせがある．つまり，結合する2つの単語の組み合わせによって，[n] の挿入が起きるかどうかが決まる．[n] の挿入が起きない場合は，全て終声の初声化が起きる．韓国語においては**〈終声の初声化〉は発音上の強力な原則であるが，〈[n] の挿入〉はこれを避けうるほぼ唯一の現象**である：

일본 + 요리 ➡ 일본요리 [일본뇨리 ilbonnjori] 日本料理

무슨 + 요일 ➡ 무슨 요일 [무슨뇨일 musɯnnjoil] 何曜日

어떤 + 일 ➡ 어떤 일 [어떤닐 ɔ^{ʔ}tɔnnil] どんなこと

그럼 + 요

➡ 그럼요 [그럼녀～그럼뇨 kɯrɔmnjɔ ～ kɯrɔmnjo] もちろんですよ

＊-요は丁寧化のマーカー-요/-이요

노래는 歌は ＋-요 丁寧化のマーカー

➡ 노래는요? [노래는녀～노래는뇨 norɛnɯnnjɔ ～ norɛnɯnnjo] 歌は？

＊-요は丁寧化のマーカー-요/-이요

8-2 〈口音の終声 $[^p][^t][^k]$ ＋ [i][j]〉→〈鼻音の終声 ＋ [n] ＋ [i][j]〉

[2つの形態素が結合する際に]，[口音の終声 $[^p][^t][^k]$ ＋ [i][j] であれば] → [n] が挿入されると → 鼻音の終声 [m][n][ŋ] ＋ [n] ＋ [i][j]

8-1によって挿入された[n]の，直前にある口音の終声 $[^p][^t][^k]$ は，〈口音の鼻音化〉（→ 3-1）によってさらに鼻音化する．つまり〈口音の終声 $[^p][^t][^k]$+[i][j]〉に [n] が挿入されると，〈鼻音の終声 [m][n][ŋ] ＋ [n]＋ [i][j]〉となるわけである：

십 十 ＋ 육 六 [십+육 ʃi^p + ju^k]

▶▶ 십육 [십뉵 ʃi^{p}nju^k]

▶▶ [심뉵 ʃimnju^k シムニュク] 十六

꽃 花 ＋ 잎 葉 [꼳+입 ^{ʔ}kot + i^p]

▶▶ 꽃잎 [꼳닙 ^{ʔ}ko^{t}ni^p]

▶▶ [꼰닙 ^{ʔ}konni^p コンニプ] 花びら

한국 韓国 + 요리 料理 [한국+요리 hangu^k + jori]

▶▶ 한국요리 [한국뇨리 hangu^{k}njori]

▶▶ [한궁뇨리 hanguŋnjori ハングんニョリ] 韓国料理

한국 韓国 + 역사 歴史 [한국+역사 hangu^k + jɔk$^?$sa]

▶▶ 한국역사 [한국녁싸 hangu^{k}njɔk$^?$sa]

▶▶ [한궁녁싸 hanguŋnjɔk$^?$sa ハングんニョクサ] 韓国の歴史

8-3 〈流音の終声 [l] + [i][j]〉→〈流音の終声 [l] + [l] + [i][j]〉

[2つの形態素が結合する際に], [流音の終声 [l] + [i][j] であるとき] → [n] が挿入されると → 流音の終声 [l] + [l] + [i][j]

8-1によって挿入された [n] は, 直前に流音の終声 [l] があると, 〈流音化〉(→ 4-1) によってさらに [l] となる. つまり〈流音の終声 [l] +[i][j]〉に [n] が挿入されると, 〈流音の終声 [l] + [n] +[i][j]〉となり, さらに〈流音の終声 [l] + [l] + [i][j]〉となるわけである:

볼 + 일 ➡ 볼일 [볼릴 pollil] 用事

뭘 + -요 ➡ 뭘요 [뭘려~뭘료 mwɔlljɔ ~ mwɔlljo]

何をですか. (いや) なに (何でもありません) *-요は丁寧化のマーカー-요/-이요

9 子音のその他の同化や脱落

9-1 半母音の脱落や融合

半母音が, [くだけた発音で] → 脱落することがある

半母音の /w/ や /j/ が, 脱落したり後続の母音と融合して単母音化することがある:

놔 [nwa] ➡ [나 na] 放して!

뭐예요 [mwɔejo] ➡ [모에여 moejɔ] 何ですか?

9-2 子音の同化, 脱落

子音が, [直後の音の影響で] → 同化したり, 脱落したりすることがある

1から8までに前述した音の変化以外にも, 直後の子音の影響を受けて同化したり, 脱落したりすることがある:

못 가요 [mo^t $^?$kajo] ➡ [mo^k $^?$kajo]

➡ [mo$^?$kajo 모까요] 行けません

신문 [ʃinmun] ➡ [심문 ʃimmun] 新聞

한국 [hanguᵏ] ➡ [항국 haŋguᵏ] 韓国

할까요? [halˀkajɔ] ➡ [haᵏˀkajɔ]

➡ [haˀkajɔ] しましょうか?

9-3 初声の鼻音 /m/, /n/ へのわたり音 /mᵇ/, /nᵈ/ の添加

初声の鼻音 ㅁ/m/, ㄴ/n/ が, [主に語頭で] → ㅁ [mᵇ], ㄴ [nᵈ] と発音されることがある

鼻音は口蓋垂(こうがいすい), いわゆるのどひこを開けて, 肺からの空気を鼻腔(びこう)に送って作られる音である. 口蓋垂を閉じると, 空気が鼻腔に流れず, 口腔(こうこう)へと送られ, 口音が作られるわけである. 韓国語の子音はㅁ/m/, ㄴ/n/ と終声の ㅇ/ŋ/ のみが鼻音で, 母音は基本的に全て口音である.

뭐 /mwɔ/ など, 〈鼻音の初声子音+口音の中声母音〉という音の配列では, 直後の母音が口音なので, 口音へと移行するために, 鼻音 ㅁ/m/, ㄴ/n/ の調音の終わりの段階で, 開いていた口蓋垂を閉じてしまうと, [b], [d]が現れる. 音と音の渡りに現れるので, こうした音を**わたり音**と呼ぶ. つまり鼻音の終えるはずのタイミングと, 口蓋垂の閉じるタイミングがずれることによって, わたり音が現れるわけである.

ㅁ/m/では, ㅁ/m/と同じ形で発音される口音でかつ有声音である [b] が現れ, ㄴ/n/では, ㄴ/n/と同じ形で発音される口音でかつ有声音の [d] が現れる. このため, **뭐예요?** (何ですか) が [ボーエヨ] のごとく聞こえたり, **네.** (はい) が [デー] のように聞こえたりする. ソウルことばでもしばしば聞かれる発音である. 主に女性の発話に多い傾向が見られる. 学習者は特に真似する必要はない:

뭐예요 [mwɔejo] ➡ [mᵇwɔejɔ ~ mᵇɔejɔ] 何ですか?

네 [ne] ➡ [nᵈe] はい

10 母音の変化

10-1 長母音の短母音化

[現在のソウルことばの多くの話し手の間では], 長母音は, → 短母音として発音される

ソウルことば, 及びソウルことばを基礎にしている韓国の標準語では, [nun ヌン] と短母音で発音すると「眼」, [nuːn ヌーン] と長母音で発音すると「雪」の意であった. ところが今日のソウルことばの多くの話し手は, いずれも短母音で [nun ヌン] と発音するようになっている. つまり, 母音の長短で単語の意味を区別しなくなっているわけである. これはいずれも눈と書き, もともと表記には反映されないものである.

若い話し手では, 長母音はほぼ完全に短母音化していると言ってよい.

눈 [nuːn ヌーン] ➡ [nun ヌン] 雪 cf. 눈 [nun ヌン] 眼

말 [maːl マール] ➡ [mal マル] ことば cf. 말 [mal マル] 馬

이 [iː イー] ➡ [i イ] (漢字語数詞の) 二 cf. 이 [i イ] 歯

전화 [tʃɔːnɦwa ~ tʃɔːnwa チョーヌァ]

➡[tʃɔnɦwa ~ tʃɔnwa チョヌァ] 電話　**本書の表記** [tʃɔn(h)wa]

ソウルことばの話し手の中には，長母音を維持している話し手が，ごく一部の高齢層には残っている．そうした話し手にあっても，長母音が残っているのは，単語の第一音節目の長母音がほとんどで，第二音節以降に入ると長母音は短母音化するのが普通である：

사람 [saːram サーラム] 人 ➡ 일본사람 [ilbon[?]saram イルボンサラム] 日本

10-2 狭い ㅔ[e] と広い ㅐ[ɛ] の発音上の区別の消失

[現在のソウルことばのほとんどの話し手の間では]，狭い ㅔ[e] と広い ㅐ[ɛ] の発音上の区別は → なくなっている

ソウルことばでは，狭い ㅔ[e] と広い ㅐ[ɛ] の発音上の区別はなくなっている．いずれも若干広い [e]，つまり日本語東京方言の [エ] ほどに発音されている．本書の発音表記では狭い [e] と[ɛ] を書き分けているが，発音上で区別する必要はない．

게 [ke ケ] 蟹　개 [kɛ ケ] 犬 ➡ いずれも [ケ] の母音でよい

10-3 文末における ㅗ[o] の非円唇化・広母音化

[現在のソウルことばのほとんどの話し手の間では]，해요体を作る-요や，丁寧化のマーカー-요／-이요など文末における円唇の狭い ㅛ[jo] は → 非円唇母音かつ広い母音として発音される

ソウルことばでは，「**안녕하세요?**」（こんにちは），「**좋아요.**」（いいです），「**했어요.**」（しました）といった**해요**体を作る-**요**や，「**저기요.**」（あの，すみません：呼びかけ）や「**책이요?**」（本ですか？：聞き返し）に見える丁寧化のマーカー-**요**/-**요**など，文末に現れる，円くすぼませる円唇の狭い母音 ㅛ[jo] は，円唇性を失い，非円唇母音かつ広い母音として発音される．口の開きは ㅕ[jɔ] ほどに広くなることも多い．舌の位置は ㅕ[jɔ] よりも若干前であることが多い．「**제가요, 아까요...**」（私がですね，さっきですね…）のように，この発音は文中の文節末でも起こりうる．またⅠ-**죠**などの形でも起こりうる．

안녕하세요?	[annjɔŋ(h)asejɔ ~ annjɔŋ(h)asejo] こんにちは.
여보세요?	[jɔbɯsejɔ ~ jɔbosejo] もしもし.
있어요.	[i[?]sɔjɔ ~ is[?]sɔjo] あります.
있죠?	[i[(t)?]tʃɔ ~ i[t?]tʃo] あるでしょ？
왜요?	[wɛjɔ ~ wɛjo] どうしてですか？
저기요.	[tʃɔgijɔ ~ tʃɔgijo] あの，すみません.
정말이요.	[tʃɔŋmarijɔ ~ tʃɔŋmarijo] あ，ほんとですか.

10-4 母音の無声化

狭い母音 ㅣ, ㅟ, ㅜ, ㅡ は,［激音 ㅍ, ㅌ, ㅊ, ㅋ, ㅎ や, 摩擦音 ㅅ, ㅆ といった無声音の直後に来ると］, → 無声化することがある

狭い母音 ㅣ, ㅟ, ㅜ, ㅡ は, 激音 ㅍ, ㅌ, ㅊ, ㅋ, ㅎ や, 摩擦音 ㅅ, ㅆ といった無声音の直後に来ると, 稀に無声化することがある. **無声化**とは, その舌や唇は当該の母音の形をしていても, 声帯が振動せず,「声」が伴わない状態である. 日本語では東京方言などで「おひさしぶりです」/ohisasiburidesu/のごとく, 無声子音に挟まれたり無声子音の後に来る母音の無声化が, はなはだ顕著であるが, ソウルことばの無声化ははるかに少ない:

시간 [ʃigan] 時間　　　투사 [tʰusa] 闘士

10-5 文節末における ㅗ [o] の ㅜ [u] 化

［ソウルことばでは］, 文節末に来る円唇母音 ㅗ[o] が → さらに狭い円唇母音 ㅜ[u] で発音されることがある

ソウルことばでは,「**먹고**」(食べて) が「**먹구**」[먹꾸],「**좋고**」(いいです) が「**좋구**」[조쿠],「**나도**」(私も) が「**나두**」と発音されることがある. 文節末で ㅗ[o] がさらに狭い母音 ㅜ[u] となったものである. これらはソウル方言形であるが,〈話すように書く〉ことを意図した, 例えば小説の会話文やシナリオ, インターネット上の書き込みなどでは, しばしば「**먹구**」,「**좋구**」,「**저두**」のように表記される:

먹고 [mɔk[ʔ]ko 먹꼬] ➡ 먹구 [mɔk[ʔ]ku 먹꾸] 食べて
좋고 [tʃokʰo 조코] ➡ 좋구 [tʃokʰu 조쿠] 良いし
나도 [nado 나도] ➡ 나두 [nadu 나두] 私も
바로 [paro 바로] ➡ 바루 [paru 바루] まさに, すぐに

11 2字母の終声字母

11-1 異なる2字母で書かれる終声字母は1つのみ発音する

ㅄやㄺのように異なる2字母で書かれる終声字母は,［当該の音節だけを単独で発音するときや, 次に子音が来るときは］→ 片方だけを発音する

없다 (ない, いない) や**읽다** (読む) のように, 終声字母の位置に, ㅄのㄺように異なる2字母が書かれる単語がある. 音のレベルでは, 終声に立つことができる**音**は, ①鼻音ㅁ [m], ㄴ [n], ㅇ [ŋ], ②口音ㅂ [ᵖ], ㄷ [ᵗ], ㄱ [ᵏ], そして③流音 ㄹ [l] の7種のみであった. 文字のレベルでは, 終声字母の位置に, これら7種以外の子音**字母**が書かれても, **終声規則** (はばたけ！ライト版 1のp.36) によって必ずこれらの7種の音に還元されて発音される. ㅄのㄺなどでも終声規則 (はばたけ！ライト版 1のp.45) により, 片方だけが発音される:

① 前の子音字母を読むもの

ㄳ ㄵ ㄶ ㄼ ㄽ ㄾ ㅀ ㅄ

값 [갑 ka^p] 値段　　삯 [삭 sa^k] 賃金

② 後ろの子音字母を読むもの

ㄺ ㄻ ㄿ (ㄼ)

닭 [닥 ta^k] 鶏　　삶 [삼 sam] 生きること

읽다 [익따 $i^{kʔ}ta$] 読む　　없고 [업꼬 $ɔ^{pʔ}ko$] ないし. いないし

밟다 (踏む) のみ, [밥따] とㅂで読む.

11-2 〈2終声字母で書かれる音節〉＋〈母音で始まる助詞や指定詞-이다, 語基形成母音 -으-, -아/어-〉は〈終声の初声化〉を起こす

[ㅄのㄺように異なる2終声字母で書かれる音節に, 母音で始まる助詞や指定詞-이다, 語基形成母音-으, -아/어が結合すると] → 終声の初声化が起こる

값이 (値段が), **닭이에요** (鶏です), **없어요** (ありません. いません) や**읽으면** (読めば), のように, 異なる2つの終声字母で書かれる音節に, 母音で始まる音節が結合すると, 終声の初声化が起こる. 終声の初声化を起こす母音で始まる音節は, 助詞・語尾や指定詞-**이다**, 語基形成母音に限られる.

●これらの後ろに, 母音で始まる語尾 (助詞) や指定詞-**이다** (…である), 語基形成母音がつくと, 終声の初声化を起こし, 2 文字両方が読まれる:

값이 [갑씨 kapʔʃi] 値段が　＊助詞-이 (…が)

값입니다 [갑씸니다 kapʔʃimnida] 値段です　＊指定詞-이다 (…である)

읽으면 [일그면 ilgɯmjɔn] 読めば　＊第Ⅱ語基を作る語基形成母音-으-

없어요 [업써여 ɔpʔsɔjɔ] ありません　＊第Ⅲ語基を作る語基形成母音-어-

●体言に, 母音で始まる助詞・語尾や指定詞-**이다** (…である) がつく場合のみ, 話しことばでは, しばしば1文字で書かれる終声のように発音される. 用言では必ず上記の発音となり, この現象は起こらない:

값이 [가비 kabi] 値段が　＊助詞-이 (…が)

값입니다 [가빔니다 kabimnida] 値段です　＊指定詞-이다 (…である)

●2つの終声字母で書かれる終声を持つ音節の後ろに, 母音で始まる語尾 (助詞) や指定詞-**이다** (…である) ではなく, 独立した単語が連なる場合は, 5-3で見た〈**2単語にまたがる終声の初声化**〉が起こる:

값 値 ＋ 없다 ない ➡ 값없다 [가법따 $kabɔ^{pʔ}ta$ カボㇷ゚タ] 値打ちがない

＊[갑썹따 $ka^{pʔ}sɔ^{pʔ}ta$ カㇷ゚ソㇷ゚タ] とはならない

反切表（はんせつひょう）

子音＼母音	ㅏ a 「ア」	ㅑ ja 「ヤ」	ㅓ ɔ 広い 「オ」	ㅕ jɔ 広い 「ヨ」	ㅗ o 狭い 「オ」	ㅛ jo 狭い 「ヨ」	ㅜ u 円唇の 「ウ」	ㅠ ju 円唇の 「ユ」	ㅡ ɯ 平唇の 「ウ」	ㅣ i 「イ」
ㄱ k	가 カ ka	갸 キャ kja	거 コ kɔ	겨 キョ kjɔ	고 コ ko	교 キョ kjo	구 ク ku	규 キュ kju	그 ク kɯ	기 キ ki
ㄲ ˀk	까 カ ˀka	꺄 キャ ˀkja	꺼 コ ˀkɔ	껴 キョ ˀkjɔ	꼬 コ ˀko	꾜 キョ ˀkjo	꾸 ク ˀku	뀨 キュ ˀkju	끄 ク ˀkɯ	끼 キ ˀki
ㄴ n	나 ナ na	냐 ニャ nja	너 ノ nɔ	녀 ニョ njɔ	노 ノ no	뇨 ニョ njo	누 ヌ nu	뉴 ニュ nju	느 ヌ nɯ	니 ニ ni
ㄷ t	다 タ ta	댜 テャ tja	더 ト tɔ	뎌 テョ tjɔ	도 ト to	됴 テョ tjo	두 トゥ tu	듀 テュ tju	드 トゥ tɯ	디 ティ ti
ㄸ ˀt	따 タ ˀta	땨 テャ ˀtja	떠 ト ˀtɔ	뗘 テョ ˀtjɔ	또 ト ˀto	뚀 テョ ˀtjo	뚜 トゥ ˀtu	뜌 テュ ˀtju	뜨 トゥ ˀtɯ	띠 ティ ˀti
ㄹ r	라 ラ ra	랴 リャ rja	러 ロ rɔ	려 リョ rjɔ	로 ロ ro	료 リョ rjo	루 ル ru	류 リュ rju	르 ル rɯ	리 リ ri
ㅁ m	마 マ ma	먀 ミャ mja	머 モ mɔ	며 ミョ mjɔ	모 モ mo	묘 ミョ mjo	무 ム mu	뮤 ミュ mju	므 ム mɯ	미 ミ mi
ㅂ p	바 パ pa	뱌 ピャ pja	버 ポ pɔ	벼 ピョ pjɔ	보 ポ po	뵤 ピョ pjo	부 プ pu	뷰 ピュ pju	브 プ pɯ	비 ピ pi
ㅃ ˀp	빠 パ ˀpa	뺘 ピャ ˀpja	뻐 ポ ˀpɔ	뼈 ピョ ˀpjɔ	뽀 ポ ˀpo	뾰 ピョ ˀpjo	뿌 プ ˀpu	쀼 ピュ ˀpju	쁘 プ ˀpɯ	삐 ピ ˀpi
ㅅ s	사 サ sa	샤 シャ ʃa	서 ソ sɔ	셔 ショ ʃɔ	소 ソ so	쇼 ショ ʃo	수 ス su	슈 シュ ʃu	스 ス sɯ	시 シ ʃi
ㅆ ˀs	싸 サ ˀsa	쌰 シャ ˀʃa	써 ソ ˀsɔ	쎠 ショ ˀʃɔ	쏘 ソ ˀso	쑈 ショ ˀʃo	쑤 ス ˀsu	쓔 シュ ˀʃu	쓰 ス ˀsɯ	씨 シ ˀʃi

母音 / 子音	ㅏ a 「ア」	ㅑ ja 「ヤ」	ㅓ ɔ 広い 「オ」	ㅕ jɔ 広い 「ヨ」	ㅗ o 狭い 「オ」	ㅛ jo 狭い 「ヨ」	ㅜ u 円唇の 「ウ」	ㅠ ju 円唇の 「ユ」	ㅡ ɯ 平唇の 「ウ」	ㅣ i 「イ」
ㅇ 子音 なし	아 ア a	야 ヤ ja	어 オ ɔ	여 ヨ jɔ	오 オ o	요 ヨ jo	우 ウ u	유 ユ ju	으 ウ ɯ	이 イ i
ㅈ tʃ	자 チャ tʃa	쟈 チャ tʃa	저 チョ tʃɔ	져 チョ tʃɔ	조 チョ tʃo	죠 チョ tʃo	주 チュ tʃu	쥬 チュ tʃu	즈 チュ tʃɯ	지 チ tʃi
ㅉ ^{ʔ}tʃ	짜 チャ ^{ʔ}tʃa	쨔 チャ ^{ʔ}tʃa	쩌 チョ ^{ʔ}tʃɔ	쪄 チョ ^{ʔ}tʃɔ	쪼 チョ ^{ʔ}tʃo	쬬 チョ ^{ʔ}tʃo	쭈 チュ ^{ʔ}tʃu	쮸 チュ ^{ʔ}tʃu	쯔 チュ ^{ʔ}tʃɯ	찌 チ ^{ʔ}tʃi
ㅊ tʃ^{h}	차 チャ tʃ^{h}a	챠 チャ tʃ^{h}a	처 チョ tʃ^{h}ɔ	쳐 チョ tʃ^{h}ɔ	초 チョ tʃ^{h}o	쵸 チョ tʃ^{h}o	추 チュ tʃ^{h}u	츄 チュ tʃ^{h}u	츠 チュ tʃ^{h}ɯ	치 チ tʃ^{h}i
ㅋ k^{h}	카 カ k^{h}a	캬 キャ k^{h}ja	커 コ k^{h}ɔ	켜 キョ k^{h}jɔ	코 コ k^{h}o	쿄 キョ k^{h}jo	쿠 ク k^{h}u	큐 キュ k^{h}ju	크 ク k^{h}ɯ	키 キ k^{h}i
ㅌ t^{h}	타 タ t^{h}a	탸 テャ t^{h}ja	터 ト t^{h}ɔ	텨 テョ t^{h}jɔ	토 ト t^{h}o	툐 テョ t^{h}jo	투 トゥ t^{h}u	튜 テュ t^{h}ju	트 トゥ t^{h}ɯ	티 ティ t^{h}i
ㅍ p^{h}	파 パ p^{h}a	퍄 ピャ p^{h}ja	퍼 ポ p^{h}ɔ	펴 ピョ p^{h}jɔ	포 ポ p^{h}o	표 ピョ p^{h}jo	푸 プ p^{h}u	퓨 ピュ p^{h}ju	프 プ p^{h}ɯ	피 ピ p^{h}i
ㅎ h	하 ハ ha	햐 ヒャ hja	허 ホ hɔ	혀 ヒョ hjɔ	호 ホ ho	효 ヒョ hjo	후 フ hu	휴 ヒュ hju	흐 フ hɯ	히 ヒ hi

◆ 反切表の字母の順序は，韓国の一般の辞書の字母の順序となっている.

◆ 大韓民国の主な辞書における母音字母の順序は以下のとおり：

母音：ㅏ, ㅐ, ㅑ, ㅒ, ㅓ, ㅔ, ㅕ, ㅖ, ㅗ, ㅘ, ㅙ, ㅚ, ㅛ, ㅜ, ㅝ, ㅞ, ㅟ, ㅠ, ㅡ, ㅢ, ㅣ

子音は上の表のとおり.

◆ 朝鮮民主主義人民共和国の辞書における字母の順序は以下のとおり：

母音：ㅏ, ㅑ, ㅓ, ㅕ, ㅗ, ㅛ, ㅜ, ㅠ, ㅡ, ㅣ, ㅐ, ㅒ, ㅔ, ㅖ, ㅚ, ㅟ, ㅢ, ㅘ, ㅝ, ㅙ, ㅞ

子音：ㄱ, ㄴ, ㄷ, ㄹ, ㅁ, ㅂ, ㅅ, ㅇ, ㅈ, ㅊ, ㅋ, ㅌ, ㅍ, ㅎ, ㄲ, ㄸ, ㅃ, ㅆ, ㅉ

◆ 平音　濃音　激音

日本語の五十音をハングルで書く

ア行	ア 아	イ 이	ウ 우	エ 에	オ 오					
カ行	カ 가 카	キ 기 키	ク 구 쿠	ケ 게 케	コ 고 코	キャ 갸 캬		キュ 규 큐		キョ 교 쿄
サ行	サ 사	シ 시	ス 스	セ 세	ソ 소	シャ 샤		シュ 슈	シェ 셰	ショ 쇼
タ行	タ 다 타	チ 지 치	ツ 쓰	テ 데 테	ト 도 토	チャ 자 차		チュ 주 추	チェ 제 체	チョ 조 초
						ツァ 자 차			ツェ 제 체	ツォ 조 초
			テュ 듀 튜							
		ティ 디 티	トゥ 두 투							
ナ行	ナ 나	ニ 니	ヌ 누	ネ 네	ノ 노	ニャ 냐		ニュ 뉴	ニェ 녜	ニョ 뇨
ハ行	ハ 하	ヒ 히	フ 후	ヘ 헤	ホ 호	ヒャ 햐		ヒュ 휴	ヒェ 혜	ヒョ 효
						ファ 화	フィ 휘		フェ 훼	フォ 훠
マ行	マ 마	ミ 미	ム 무	メ 메	モ 모	ミャ 먀		ミュ 뮤	ミェ 몌	ミョ 묘
ヤ行	ヤ 야		ユ 유	イェ 예	ヨ 요					

ラ行	ラ 라	リ 리	ル 루	レ 레	ロ 로	リャ 랴		リュ 류	リェ 례	リョ 료
ワ行	ワ 와				ヲ 오		ウィ 위		ウェ 웨	ウォ 워
ガ行	ガ 가	ギ 기	グ 구	ゲ 게	ゴ 고	ギャ 갸		ギュ 규		ギョ 교
ザ行	ザ 자	ジ 지	ズ 즈	ゼ 제	ゾ 조	ジャ 자		ジュ 주	ジェ 제	ジョ 조
ダ行	ダ 다	ヂ 지	ヅ 즈	デ 데	ド 도			デュ 듀		
							ディ 디	ドゥ 두		
バ行	バ 바	ビ 비	ブ 부	ベ 베	ボ 보	ビャ 뱌		ビュ 뷰	ビェ 볘	ビョ 뵤
パ行	パ 파	ピ 피	プ 푸	ペ 페	ポ 포	ピャ 퍄		ピュ 퓨	ピェ 폐	ピョ 표

◆ 가카のように2つあるものは，次のように使い分ける

頭の清音 → 平音ㄱ, ㄷ, ㅂ, ㅈ
語中の清音 → 激音ㅋ, ㅌ, ㅍ, ㅊ
語中の濁音 → 平音ㄱ, ㄷ, ㅂ, ㅈ

なかがわ：나카가와，すずき：스즈키

◆ 促音「ッ」はㅅ：　はっとり 핫토리，ほっかいどう：홋카이도
「ン」はㄴ：　けんじ：겐지
長音は表記しない：　さとう：사토

数詞

固有語			漢字語	
하나 [hana]	(한) [han]	**1**	일 [il]	
둘 [tuːl]	(두) [tuː]	**2**	이 [iː]	
셋 [seːᵗ]	(세) [seː]	**3**	삼 [sam]	
넷 [neːᵗ]	(네) [neː]	**4**	사 [saː]	
다섯 [tasɔᵗ]	(　)内は連体形	**5**	오 [oː]	
여섯 [jɔsɔᵗ]		**6**	육 [juᵏ]	★륙 [rjuᵏ]
일곱 [ilgoᵖ]		**7**	칠 [tʃʰil]	
여덟 [jɔdɔl]		**8**	팔 [pʰal]	
아홉 [a(h)oᵖ]		**9**	구 [ku]	
열 [jɔl]		**10**	십 [ʃiᵖ]	

◆ 固有語の数詞には, 시 (時) , 개 (個), 살 (歳) , 권 (冊) , 번 (度) などがつく. いずれも依存名詞.

◆「いくつの」は몇 [mjɔᵗ]

◆ 漢字語の数詞には, 분 (分) , 초 (秒) , 년 (年) , 학년 (学年) , 번 (番) , 원 (ウォン) などがつく. いずれも依存名詞. 漢字語数詞をハングルで表記すると「일 분」のように離して書き, アラビア数字で表記すると「1분」のようにつけて書く.

固有語		数	漢字語	
		0	영 [jɔŋ] ★령 [rjɔŋ]	공 [koŋ]
열 [jɔl]		**10**	십 [ʃi^{p}]	
스물 [suɯmul]	(스무) [sɯmu]	**20**	이십 [iːʃi^{p}]	
서른 [sɔrɯn]		**30**	삼십 [samʃi^{p}]	
마흔 [ma(h)ɯn]		**40**	사십 [saːʃi^{p}]	
쉰 [ʃwiːn]		**50**	오십 [oːʃi^{p}]	
예순 [jesun]		**60**	육십 [juk$^{?}$ʃi^{p}]	★륙십 [rjuk$^{?}$ʃi^{p}]
일흔 [ir(h)ɯn]		**70**	칠십 [tʃ^{h}il$^{?}$ʃi^{p}]	
여든 [jɔdɯn]		**80**	팔십 [p^{h}al$^{?}$ʃi^{p}]	
아흔 [a(h)ɯn]		**90**	구십 [kuʃi^{p}]	
		100	백 [pɛ^{k}]	
		1000	천 [tʃ^{h}ɔn]	
		10000	만 [maːn]	

◆ 億は 억[ɔ^{k}], 兆は 조[tʃo], 京は 경[kjɔŋ]. なお, 古くは固有語にも 온（百）, 즈믄（千）が存在した.

◆ 공[koŋ] は電話番号などで使用. 영は 제로[tʃero] ともいう.

◆ 数詞はすべて上の組み合わせで表す.　例 : 만 천 구백 팔십 팔 (11,988) 마흔 다섯 (45)

◆ 長母音は現在, 多くの話者が短く発音する.

語尾や接尾辞．助詞などの索引

語彙索引(韓国語 → 日本語)

●ㄱ

만나다	会う	vi,7,8,42
만들다	作る	8
만점	満点	61
많다	多い	2,4,20,28,30,69
많이	多く．たくさん	20
말	馬	72
말	ことば	30,32,45,65,72
말하다	言う．話す	52,53,69
맛	味	66
맛없다	おいしくない	66
맛있다	おいしい	20,21
매년	毎年	28
매일	毎日	29
매주	毎週	35
먹다	食べる	v,6,24,29,44,60,61,74
먼저	まず．先に	52,53,54,55
멀다	遠い	18,43,48,61
멀었다	まだまだである	48
멋있다	素敵だ	20,21,45
메리 크리스마스	メリークリスマス	33
메일	メール	53
명	名	52
몇	いくつの	80
몇	何．いくつ	64
몇 리	何里	64
모든	すべての	20,21
모르다	分からない．知らない	ix,14,18,20,21,25,27,30,45,50
목표	目標	55
못	…できない．不可能を表す副詞	30,35,67,71
못	釘	66
못하다	できない	67
무슨	何．何の	38,39,52,54,70
무슨 요일	何曜日	70
무엇	何．何か	52
문법	文法	61
문자	文字	61
문제	問題	15
묻다	尋ねる	32,53
물가	物価	61
물건	品物．物．物件	52,62
뭐	何．何か	6,38,39,42,46,47,52,53,71,72
뭐라구요？	何ですって？	47
미안하다	すまない	10

●ㅂ

바다	海	62
바닷가	海辺	62
바로	まさに．ちょうど．すぐに	74
바르다	塗る	8
바쁘다	忙しい	14,18,26,27,49
박석호	パク・ソッコ．人名	47
밖	外	27
반	半	35
받다	受け取る．もらう	iii, iv, v,15,26,32,33,34,53,65
발달	発達	60
발사	発射	61
발음	発音	53
발전	発展	60
발표	発表	49
발표하다	発表する	53
밟다	踏む	75
밤	夜	65
밥	ごはん	29,62,65
방	部屋	65
방학	休み	2,3,6,9,33,52
배	お腹	14
배가 고프다	お腹がすく	14
배낭	リュック	19
배우다	学ぶ	6
백	百	81
백화점	百貨店．デパート	52
번	…度．…番	3,80
번역	翻訳	45
보내다	送る	17,33
보다	見る．会う	v,2,6,20,21,29,43,44
보이다	見せる	12,13,16
보통	普通	30,31
볼일	用事	71
뵙다	お目にかかる	46,47,50
부럽다	うらやましい	51
부르다	呼ぶ．〈歌を〉歌う	ix,7,18,34,42
부부	夫婦	59
분	方	30
분	分	48,80
비	雨	27,49
비가 오다	雨が降る	27,49
비빔	混ぜること	62
비빔밥	ピビンパ	62
비싸다	〈価格・値段が〉高い	12,43
빌다	祈る	51

●ㅃ

빨리	早く	38,40

●ㅅ

사	4	80
사건	事件	61
사다	買う	16,17,52

사람	人	20,25,27,28,38,42,43,61,73
사랑	愛．恋	38,39
사실	実は．実際．事実	59
사실은	実は．実際は	2,4,20,38,39
사십	40	81
사이시옷	サイシオッ	62
사이즈	サイズ	52
사이타마	埼玉	viii
사전	辞典	45
사회	社会	69
삯	賃金	75
산	山	53
살	…歳	80
살다	住む．暮らす	viii,8,18,34,42
삶	生きること	75
삼	3	80
삼십	30	81
상	上	53
상담하다	相談する	54
상장	賞状	61
새해 복 많이 받으세요	明けましておめでとうございます．よいお年を	33
색깔	色	52
생일	誕生日	33
생일 축하합니다	お誕生日おめでとうございます	33
서다	立つ	vi
서로	お互いに．互いに	52,53,54
서른	30	81
서울	ソウル	2,3,12,20
서점	本屋．書店	viii
선물	贈り物．プレゼント	17
선배	先輩	62
선생님	先生	2,6,24,46,49,53
설명	説明	50
설명하다	説明する	53
성과	成果	61
성적표	成績表	33
세	3つの	80
세 번	3度	3
셋	3つ	80
소개하다	紹介する	46,47,49
손님	お客様	12,13,15,30,52
수고하다	苦労する	30,31
수고하세요	お疲れ様です	30,31
수고하셨습니다	お疲れ様でした	37
수업	授業	24,48,55
쉰	50	81
쉽다	易しい．簡単だ	38,39,40,41,42,45
슈퍼	スーパー．スーパーマーケット	33
스무	20の	81
스물	20	81
슬프다	悲しい	18
시	…時	80
시	詩	24,25,43,45
시간	時間	48,74
시작하다	始める	49
시장	市場	12,13,52
시험	試験	42,49
식당	食堂	2
신난다	わあ．やった	36
신다	履く	60
신라	新羅	64
신문	新聞	71
실래	室内	64
실전	実践	52
싫다	嫌いだ	69
싫어하다	嫌う	29
심리	心理	63
십	10．十	70,80,81
십육	16	70

●ㅆ

싸다	〈値段·価格が〉安い	vi
쓰다	書く．使う	12,13,14,16,17,18,20,21,24,28,34,44,52,53,54,55
씨	…さん．…氏	viii, ix,2,20,26,27,38,46,48,52,53,54,55

●ㅇ

아	あ	2,30
아까	さっき	73
아뇨	いいえ	viii,30,50
아니	いや	38,46
아니다	…ではない	vii,30,38,39,43,48
아래	下	52,53,54,55,66
아르바이트	バイト．アルバイト	26
아무튼	いずれにせよ．とにかく	30,31,46
아버지	父	24,48
아야	痛っ	36
아이	子供	20,21,25,45
아이구	あら	36
아줌마	おばさん	13
아직	まだ	30,31,48
아침	朝	29
아프다	痛い	14,18
아홉	9つ	80

아휴	ああ	46,47
아흔	90	81
악세사리	アクセサリー	13
악세서리	アクセサリー	13
안	…しない［否定の副詞］	26,48
안과	眼科	61
안내하다	案内する	2,3
안녕하세요？	お元気でいらっしゃいますか．おはようございます．こんにちは．こんばんは	20,37,46,73
안녕히 가세요	（去る人に向かって）さようなら	15,37,59
안녕히 계세요	（留まる人に向かって）さようなら	15
안다	抱く	60
안부	安否	53
앉다	座る	15,37
알다	分かる．知る	viii,6,18,20,21,25,30,42,45,50,51,53,60,61
알리다	知らせる	53
알아듣다	聞いて分かる．聞き取れる	30,31,32,34,67
앗싸	わあ．やった	36
앞	前	viii
앞날	将来	63
앞으로	将来．この先．今後．これからも	51,55
액세서리	アクセサリー	13
약속	約束	44
얘기	話	27,30,31,45
얘기하다	話をする	52,54,55
어	えっ	2,46
어디	どこ．どこに．どこか	viii,2,3,6,38,53
어디 어디	どこどこ．どことどこ	2,3
어디서	どこで．どこから	viii,19,53
어때요？	どうですか	12
어떡하다	どうする	38,39,53
어떡해	参ったな．まずい．やばい	36
어떤	どんな．どのような	53,54,55,70
어떻게	どのように	53
어떻다	どうだ	12
어렵다	難しい	38,39,41,42,43,45

어머	あら	36
어제	昨日	27,32
어학	語学	2,4
어학 연수	語学研修	2,4
억	億	81
언제나	いつも	45
얼마	いくら	12,13
얼마나	どのくらい	30,31,53
엄마	きゃー．うわ	36
엄마	ママ	36
없다	ない．いない	20,25,27,38,43,66,74,75
엔	円．通貨の単位	48
여기	ここ．ここに	16,20,37,53
여기서	ここで．ここから	20,21,53
여기요	どうぞ	12,13,37
여덟	8つ	80
여든	80	81
여러가지	いろいろ	53
여러분	みなさん	46
여름	夏	3,9
여름 방학	夏休み	3,9
여보세요？	もしもし〈電話などで〉	73
여섯	6つ	80
여자	女性．女	49
여자 친구	彼女．恋人	49
여행	旅行	6
여행을 가다	旅行に行く	6
역	駅	32,53
역사	歴史	20,71
역시	やっぱり．やはり	9,35,38,40
역할	役割	67
연수	研修	2,4
연습	練習	52
열	とお	80,81
열심히	熱心に．一生懸命．頑張って	2,37,46,49,51
열심히 하세요	頑張ってください	37
열심히 해	頑張って	37
엽서	葉書	20,24,43
영	零．ゼロ	81
영화	映画	25,42
예	はい．ええ	46
예	例	53
예	わあ．やった	36
예쁘다	可愛い．きれいだ	12,13,14,18,43,45
예순	60	81

예술	芸術	30,31
예술의 전당	芸術の殿堂	30,31
예정	予定	33
옛날	昔	63
오	5	80
오늘	今日	49
오다	来る．降る	15,16,27,28,49,67
오빠	お兄さん	48
오십	50	81
오해하다	誤解する	38,39,44
오후	午後	49
온	百	81
옳다	正しい	69
옷	服	9,19,29,45,52,65
와	わあ．やった	12,36
완성시키다	完成させる	53
왜	なぜ．どうして	52,73
왜요？	なぜですか．どうしてですか	73
외국어	外国語	45
왼쪽	左側	15
요리	料理	9,29,69,70,71
요일	曜日	70
요즘	最近	29,55
요코하마	横浜	viii
욕심	意欲．やる気．欲	2,4
용기	勇気	38,40,46
우리	わたしたち	48,55
운동	運動	33
운전	運転	6
울다	泣く	38,40,45
웃다	笑う	26
원	ウォン	80
원	ウォン．通貨の単位	12
위	上	66
육	6	70,80
육백	600．六百	60
육십	60	81
으악	きゃー．うわ	36
음	うーん．えーと	2
음성	音声	53
음식	食べ物．料理	20,21
음악	音楽	ix
음운론	音韻論	64
응용	応用	52
의견란	意見欄	64
의논하다	相談する．話す	38,39
이	2	30,72,80
이	この	viii,29,30
이	歯	72
이거	これ	12,29,46
이건	これは	28
이걸로	これを	19
이것	これ	12,63
이게	これが	12
이광수	李光洙．人名	11
－이다	…だ．…である	iii,vii,39,43,75
이달	今月	47
이런	こんな．このような	12
이렇게	このように	20,22
이번	2番	3
이십	20	81
이야기	話	31,55
이점	利点	61
이쪽	こちら	15
인권	人権	61
인기	人気	61
인터넷	インターネット	65
일	1	35,80
일	仕事．こと	20,21,38,39,44,49,52,55,70
일곱	7つ	80
일번	1番	3
일본	日本	30,61,69,70
일본 분	日本の方	30
일본사람	日本人	62,73
일본요리	日本料理	70
일어과	日本語科	61
일하다	仕事する	25
일흔	70	81
읽다	読む	7,8,15,16,17,24,26,28,34,74,75
입	口	67
입다	着る	19
입력	入力	63
입문	入門	63
있다	ある．いる	iii,6,10,25,38,39,43,53,55,65,73
있잖아요	ちょっといいですか	10
잊다	忘れる	44
잎	葉	66,67,70
●ㅈ		
자기	自分	59
자막	字幕	25
자세히	詳細に	53
자신	自分	53
작다	小さい	iii
잘	よく	ix,28,30,46,47,50
잘 되다	うまくいく	46,47

잘하다	上手だ．上手くできる	30,37,45,46,48
잘해	頑張って	37
잠깐	ちょっと	38,39
잠깐만	少々．しばらく	16
잠깐만요	ちょっと待ってください	30,31
잡지	雑誌	60
재미있다	面白い	20,25,42
저	あの	10,38
저	わたくし	viii,2,26,38
저기	あそこ．あそこに	10,28
저기	あの．あのう	10,30
저기요	あの	10
저기요	あの．あのう	73
전	わたくしは	viii,46
전	前	2,3,9,47
전당	殿堂	30,31
전원	電源	15
전철역	駅	35
전화	電話	69,73
전화번호	電話番号	16
점원	店員	52
정도	程度	30,31
정말	本当．本当に	2,12,20,30,49,51,53,73
정말이요?	本当ですか	73
정보	情報	53
정신력	精神力	64
제	わたくしの	46,49
제가	わたくしが	2,20,32,38,49,73
제로	ゼロ	81
조	兆	81
조금	少し	20,22
조언	助言	54
조용하다	静かだ	47
좀	ちょっと	10,12,30,38
종로	鍾路［ソウルの地名］	63
좋다	良い．いい．好きだ	10,30,33,38,43,46,47,49,53,60,68,69,73,74
좋아하다	好きだ．好む	26,42,45
죄송하다	申し訳ない	10,30,46,53
죄송한데요	すみません	10
죄송합니다	申し訳ありません	46
주다	あげる．与える	v,15
주말	週末	52
주차장	駐車場	53
죽다	死ぬ	49
중	中	52
즈믄	千	81
즐겁다	楽しい	33,55
지금	今	20,24,25,28,38,49,50
지난달	先月	47
지도	地図	30,31
지하철	地下鉄	32
직원	職員	30,31
직접	直接	2,3
진짜	本当．本物	38,39
질문	質問	52,53,54,55
질문하다	質問する	52,53
집	家．（修飾語と共に）店	27,65

●ㅊ

참	そうだ．ほんとに	2,3
참고	参考	52,53,54,55
찾다	探す	8
책	本	vii,viii,25,26,43,45,73
처음	初め．初めて	20,21,46,47,50
처음 뵙겠습니다	初めまして．初めてお目にかかります	46,47,50
처음으로	初めて	20,21
천	千	48,81
철자	綴り	53
초	秒	80
추석	チュソク(秋夕)	17
추석 선물	お中元	17
축하하다	祝う	33,46,47
축하합니다	おめでとうございます	47
출구	出口	61
치과	歯科	61
치마	スカート	19
치우다	片付ける	17
친구	友達．友人	vii,20,21,22,27,42,43,46,47,49,53,54,55
칠	7	80
칠십	70	81
칭찬	称賛	55
칭찬을 하다	褒める	55

●ㅋ

카드	カード	29
카페	カフェ	45
캠퍼스	キャンパス	38,46
컴퓨터	コンピュータ	44
켜다	〈灯りを〉つける	vi
크리스마스	クリスマス	29
크리스마스 카드	クリスマス・カード	29
큰일났다	参ったな．まずい．やばい	36

語彙索引(日本語 → 韓国語)

●あ行

日本語	韓国語	ページ
あ	아	2,30
ああ	아휴	46,47
愛	사랑	38,39
会う	만나다	vi,7,8,42
会う	보다	v,2,6,20,21,29,43,44
アクセサリー	악세사리	13
アクセサリー	악세서리	13
アクセサリー	액세서리	13
明けましておめでとうございます	새해 복 많이 받으세요	33
あげる	주다	v,15
朝	아침	29
味	맛	66
明日	내일	44
明日	내일	44
あそこ	저기	10,28
あそこに	저기	10,28
遊ぶ	놀다	20,21,25
与える	주다	v,15
後	후	46,47
(男性から見て) 兄	형	46,47
あの	저	10,38
あの	저기	10,30
あの	저기요	10
あの	저기요	73
あのう	저기	10,30
あのう	저기요	73
あのですね	근데	10
あのですね	근데요	10
あのですね	혹시	10
あはは	하하하	2,3
あまりに	너무	30,31,38,46
雨	비	27,49
雨が降る	비가 오다	27,49
あら	아이구	36
あら	어머	36
ありがたい	감사하다	12,13,46
ありがたい	고맙다	12,30
ありがとうございます	감사합니다	12,13,37,46
ありがとうございます	고맙습니다	12,30,37
ある	있다	iii ,6,10,25,38,39,43,53,55,65,73
歩いて行く	걸어가다	46,47
歩く	걷다	32,34
アルバイト	아르바이트	26
案内する	안내하다	2,3
安否	안부	53
李光洙．人名	이광수	11
いい	좋다	10,30,33,38,43,46,47,49,53,60,68,69,73,74
いいえ	아뇨	viii,30,50
言う	말하다	52,53,69
言う	하다	30,32
家	집	27,65
生きること	삶	75
行く	가다	iii, vi,2,3,4,6,7,8,15,24,26,27,30,43,44,49,52,53,61,71
行く	나가다	38,39
いくつ	몇	64
いくつの	몇	80
いくら	얼마	12,13
意見欄	의견란	64
いずれにせよ	아무튼	30,31,46
忙しい	바쁘다	14,18,26,27,49
痛い	아프다	14,18
痛っ	아야	36
1	일	35,80
1度	한번	2,3,54,55
1番	일번	3
一生懸命	열심히	2,37,46,49,51
一緒に	같이	6,46,49,66
一緒に	함께	55
5つ	다섯	80
いつも	언제나	45
いない	없다	20,25,27,38,43,66,74,75
犬	개	73
祈る	빌다	51
今	지금	20,24,25,28,38,49,50
意味	뜻	50
いや	아니	38,46
意欲	욕심	2,4
いる	있다	iii,6,10,25,38,39,43,53,55,65,73
色	색깔	52
いろいろ	여러가지	53
祝う	축하하다	33,46,47
インターネット	인터넷	65
うーん	음	2
上	상	53
上	위	66
ウォン	원	80
ウォン．通貨の単位	원	12
受け取る	받다	iii, iv, v,15,26,32,33,34,53,65
歌	노래	ix,28,42,45,70

ごはん	밥	29,62,65
これ	이거	12,29,46
これ	이것	12,63
これが	이게	12
これからも	앞으로	51,55
これは	이건	28
これを	이걸로	19
今月	이달	47
今後	앞으로	51,55
こんな	이런	12
こんにちは	안녕하세요？	20,37,46,73
こんばんは	안녕하세요？	20,37,46,73
コンピュータ	컴퓨터	44

●さ行

…歳	살	80
最近	요즘	29,55
サイシオッ	사이시옷	62
サイズ	사이즈	52
埼玉	사이타마	viii
探す	찾다	8
先に	먼저	52,53,54,55
…冊	권	80
さっき	아까	73
雑誌	잡지	60
(去る人に向かって) さようなら	안녕히 가세요	15,37,59
(留まる人に向かって)さようなら	안녕히 계세요	15
さらに	더	20,46
3	삼	80
…さん	씨	viii, ix, 2, 20, 26, 27, 38, 46, 48, 52, 53, 54, 55
参考	참고	52,53,54,55
30	삼십	81
30	서른	81
3度	세 번	3
4	사	80
詩	시	24,25,43,45
…氏	씨	viii, ix, 2, 20, 26, 27, 38, 46, 48, 52, 53, 54, 55
…時	시	80
幸せだ	행복하다	46,47
強いて	굳이	66
歯科	치과	61
時間	시간	48,74
しくしく	흑흑	38,40
試験	시험	42,49
事件	사건	61
仕事	일	20,21,38,39,44,49, 52,55,70
仕事する	일하다	25
事実	사실	59
市場	시장	12,13,52
静かだ	조용하다	47
下	아래	52,53,54,55,66
7	칠	80
実際	사실	59
実際は	사실은	2,4,20,38,39
実践	실전	52
室内	실래	64
実は	사실	59
実は	사실은	2,4,20,38,39
質問	질문	52,53,54,55
質問する	질문하다	52,53
辞典	사전	45
…しない［否定の副詞］	안	26,48
品物	물건	52,62
死ぬ	죽다	49
しばらく	잠깐만	16
自分	자기	59
自分	자신	53
字幕	자막	25
じゃあ	그럼	12,30,46,70
社会	사회	69
10、十	십	70,80,81
週末	주말	52
16	십육	70
授業	수업	24,48,55
紹介する	소개하다	46,47,49
詳細に	자세히	53
称賛	칭찬	55
少々	잠깐만	16
賞状	상장	61
上手だ	잘하다	30,37,45,46,48
情報	정보	53
将来	앞날	63
将来	앞으로	51,55
職員	직원	30,31
食堂	식당	2
助言	조언	54
女性	여자	49
ショッピングセンター	마트	52
書店	서점	viii
新羅	신라	64
知らせる	알리다	53
知らない	모르다	ix, 14, 18, 20, 21, 25, 27, 30, 45, 50
知りたい	궁금하다	53
分かる	알다	viii, 6, 18, 20, 21, 25, 30, 42, 45, 50, 51, 53, 60, 61
人権	인권	61
心配する	걱정하다	45
新聞	신문	71
新羅	신라	64

●な行

鶏　닭　75
人気　인기　61
塗る　바르다　8
値打ちがない　값없다　75
猫　고양이　25
値段　값　52,75
熱心に　열심히　2,37,46,49,51
年　년　30,35,80
残る　남다　48,60
のち　후　46,47
のは　건　12,13
飲む　마시다　8
乗る　타다　8

●は行

歯　이　72
葉　잎　66,67,70
パートナー　파트너　52,53,54,55
はい　네　ix,2,12,30,46,50,72
…拝　드림　20
はい　예　46
入って来る　들어오다　15
バイト　아르바이트　26
入る　들다　12,13,29
葉書　엽서　20,24,43
履く　신다　60
パク・ソッコ. 人名　박석호　47
初め　처음　20,21,46,47,50
初めて　처음　20,21,46,47,50
初めて　처음으로　20,21
初めてお目にかかります　처음 뵙겠습니다　46,47,50
初めまして　처음 뵙겠습니다　46,47,50
始める　시작하다　49
走る　뛰다　8
8　팔　80
80　여든　81
80　팔십　81
発音　발음　53
発射　발사　61
発達　발달　60
発展　발전　60
発表　발표　49
発表する　발표하다　53
花　꽃　65,70
話　얘기　27,30,31,45
話　이야기　31,55
話をする　얘기하다　52,54,55
放す　놓다　71
話す　말하다　52,53,69
話す　의논하다　38,39
花束　꽃다발　60
花びら　꽃잎　70
早く　빨리　38,40
半　반　35
…番　번　3,80
日　날　29,55
左側　왼쪽　15
びっくり　깜짝　53
びっくりした　깜짝이야　36
必要だ　필요하다　52
人　사람　20,25,27,28,38,42,43,61,73
1つ　하나　20,80
1つの　한　46,47,52
1人で　혼자　38,40
ピビンパ　비빔밥　62
百　백　81
百　온　81
百貨店　백화점　52
秒　초　80
評価　평가　61
表現　표현　16
ひょっとして　혹시　10
昼　낮　65
ファイト　파이팅　2,4
ファイト　화이팅　4,37
夫婦　부부　59
服　옷　9,19,29,45,52,65
2つ　둘　80
2つの　두　80
縁　가　62
普通　보통　30,31
物価　물가　61
物件　물건　52,62
踏む　밟다　75
冬　겨울　3,9
冬休み　겨울 방학　3,9
震える　떨리다　38,40,49
フレー　플레이　37
プレゼント　선물　17
分　분　48,80
文法　문법　61
別の　다른　4
部屋　방　65
へり　가　62
勉強　공부　2,46,55
勉強する　공부하다　vii,2,3,8,20,22,24,28,30,34,53
ぼく　나　74
ホテル　호텔　20,21
ほとり　가　62
褒める　칭찬을 하다　55
本　책　vii,viii,25,26,43,45,73
本当　정말　2,12,20,30,49,51,53,73

著　者

金　珍娥（きむ・じな　김 진아）

談話論，日韓対照言語学，韓国語教育．東京外国語大学大学院博士前期課程・後期課程修了．博士(学術)．著書に『談話論と文法論 ―日本語と韓国語を照らす』(くろしお出版) =『담화론과 문법론』（역락(ヨンナク)．大韓民国学術院優秀学術図書)，『ドラマティック・ハングル ―君，風の中に』（朝日出版社)，『カナヘイの小動物 ゆるっとカンタン韓国語会話』（J リサーチ出版)，共著に『Viva! 中級韓国語』（朝日出版社)，『韓国語学習講座 凜 1 入門』（大修館書店)，『ニューエクスプレス韓国語』（白水社）など．2021 年駐日大韓民国大使館 youtube 韓国語講座 jina-ssem tv 講師・企画・制作．2005 年度 NHK テレビハングル講座講師．2014-2015 年，延世大学校客員研究員．現在，明治学院大学教授．

野間　秀樹（のま・ひでき　노마 히데키）

言語学，朝鮮言語学，韓国語教育．論著に『言語存在論』（東京大学出版会)，『言語 この希望に満ちたもの』（北海道大学出版会)，『新版 ハングルの誕生 人間にとって文字とは何か』（平凡社．アジア・太平洋賞大賞）=『한글의 탄생』（金珍娥・金奇延・朴守珍共訳．돌베개(トルベゲ))，『韓国語をいかに学ぶか』（平凡社)，『한국어 어휘와 문법의 상관구조』（韓国語 語彙と文法の相関構造．太学社(テハクサ)．大韓民国学術院優秀学術図書）など．編著に『韓国語教育論講座 1-4』（くろしお出版)，『韓国・朝鮮の知を読む』（クオン．パピルス賞）=『한국의 지（知）를 읽다』（김 경 원(キム・ギョンウォン)訳．위즈덤하우스(ウィジュドムハウス))，共編に『韓国・朝鮮の美を読む』（クオン）など．大韓民国文化褒章．ハングル学会周時経(チュ・シギョン)学術賞．東京外国語大学大学院教授，ソウル大学校韓国文化研究所特別研究員，国際教養大学客員教授，明治学院大学客員教授・特命教授などを歴任．

村田　寛（むらた・ひろし　무라타 히로시）

朝鮮語学．文法論．東京外国語大学大学院博士前期課程修了．韓国ソウル大学校大学院博士課程単位取得修了．論著に「〈連体形 + 것 같다〉をめぐって ―現代朝鮮語のムード形式の研究―」(『朝鮮学報』第 168 輯，朝鮮学会)，「現代朝鮮語の連体節のテンスについて」(『九州大学留学生センター紀要』第 13 号，九州大学)，「15 世紀朝鮮語の対格について ―単語結合論の観点から―」(『朝鮮学報』第 197 輯，朝鮮学会)，「中期朝鮮語の〈ᄒᆞᄂᆞ다〉形について」(『朝鮮語研究 2』，朝鮮語研究会)，「15 世紀朝鮮語の〈-로〉格について ―単語結合論の観点から―」(『朝鮮語研究 3』，朝鮮語研究会)，「格をめぐって」「アスペクトをめぐって」(『韓国語教育論講座 2』，くろしお出版)，共著に『ぷち韓国語』（朝日出版社）など．九州大学大学院専任講師，福岡大学教授などを歴任．

はばたけ！ 韓国語 ライト版 2

検印省略

© 2023 年 1 月 30 日 初版　発行

著 者　金　珍娥　野間　秀樹　村田　寛

発行者　小川　洋一郎

発行所　株式会社 朝日出版社

〒 101-0065 東京都千代田区西神田 3-3-5
電話 (03)3239-0271・72（直通）
振替口座　東京　00140-2-46008
http://www.asahipress.com/
欧友社／信毎書籍印刷

乱丁・落丁本はお取り替えいたします

ISBN978-4-255-55704-5 C1087

三訂版

パランセ韓国語 初級

ハングル能力検定試験５級完全準拠

金京子 / 喜多恵美子

朝日出版社

音声サイト URL

http://text.asahipress.com/free/korean/santeiparansesyokyu/index.html

本書の構成と使い方

◇ 本書は、ハングルの文字と発音を学ぶ入門編の前半 (「文字と発音編」) と、文法と会話を学ぶ初級編の後半（「文法と会話編」第 1 課〜第 16 課）から構成されています。
◇ 前半の文字と発音編では、丸暗記できるように「あいさつの言葉」にカタカナをつけています。
◇ 後半の文法と会話編は、各課 4 ページで構成されています。

1 ページ目 : 学習目標、学習ポイントの解説と例文
2 ページ目 : 文法の練習問題、単語と表現
3 ページ目 : ダイアローグ、ダイアローグの日本語訳、「恵美の異文化体験 !?」
4 ページ目 : 会話の練習問題

◇ 単語と表現の見方は次の通りです。

例) 교과서 教科書 (p.51) → 日本語と同一の漢字語は別途表記せず日本語訳に下線を引いた。
고등학생 [高等學生] 高校生 (p.41) → 日本語と異なる漢字語は [ ] に示した。
좋타 [조타] 良い (p.81) → 発音のルールによる表記は [ ] に示した (「連音化」を除く)。

◇ 5 回分の「ハングル能力検定試験」5 級模擬テストを設けました。力試しにご利用ください。
◇ 音声が収録されている部分には♪マークがついています。数字はトラック・ナンバーを表しています。
◇ 巻末には付録として「ハングル能力検定試験」5 級の助詞や接辞、依存名詞、文法項目、あいさつの言葉をまとめています。また本書に収録されているすべての単語 (約 520 個) を単語集として掲載しています。

◎ パランセは、青い鳥という意味の韓国語です。

はじめに

『パランセ韓国語 初級』は大学などではじめて韓国語を学ぶ人のために執筆しました。本書は2009年「初版」以来幸いにも好評を博してきました。その後「ハングル能力検定試験のトウミ」の改訂に伴い2013年の「改訂版」を経て、この度「三訂版」を出すことになりました。「ハングル能力検定試験」5級の新基準にもとづいて学習内容を構成することで、達成目標を明確にしてあります。文法や文型はもちろん、単語数も5級で要求される520語程度にしぼりこんで、単語と文型をくりかえし練習して定着させていくというのが、これまでのテキストにない画期的な点です。

本書は「文字と発音編」と「文法と会話編」の二部構成となっています。「文字と発音編」では、文字を見て発音してみる、発音を聞いて文字の形を思い出す、ということをくりかえすことが重要です。必ず文字とその発音とを一致させ、「音」を覚えるように心がけましょう。またあいさつの言葉やミニ会話には、丸暗記してすぐに使えるフレーズを集めました。どんどん使ってみてください。「文法と会話編」では、基礎的な文法と日常会話を中心に学びます。学習の前に文法のポイントに目を通しておけば効果は数段アップします。本文は韓国に留学した恵美とその友人たちとの会話の形式をとっていますが、初級レベルで大切な自己紹介や家族、趣味などの日常生活に関連する表現を身につけることができるよう工夫しました。必ず大きな声で読む練習をしましょう。30回もくりかえせば、すらすらと読めるようになりますので、ぜひ試してください。慣れてきたら、日本語訳を見ながら韓国語で言ってみたり、書き取ってみたりするのも学習効果を高めてくれます。一年後には「韓国語ができる！」ということを実感できるようになるでしょう。

本書の作成に際し、様々な方のお世話になりました。「私家版」原稿の検討段階から貴重な助言をいただいた韓南洙（ハンナムス）先生、見落としがちなところをチェックして下さった田平稔さん、森屋麗奈さん、髙正子（コチョンジャ）さん、李裕淑（イユスク）さん、文貞愛（ムンチョンエ）さん、鄭育子（チョンユッチャ）さん、北山裕美子さん、藤井たけしさん、尹眞姫（ユンチニ）さんに、この場をお借りして感謝申し上げます。

このテキストがみなさんと韓国語との素敵な出会いの場となりますように。

著者

◇ ハングル能力検定試験は毎年6月と11月の2回行われています。詳細についてはハングル能力検定協会のHP（http://www.hangul.or.jp）をご参照ください。

目　次

文字と発音編

文法と会話編

韓国語について

1 韓国語とは？

本書で韓国語と呼んでいるのとまったく同じ言語が、あるときには朝鮮語と呼ばれたり、コリア語と呼ばれたりしていることを不思議に思ったことはありませんか。これは朝鮮半島が現在南北に分断され、休戦状態にあることに起因しています。北に位置しているのが朝鮮民主主義人民共和国（北朝鮮）、南が大韓民国（韓国）です。こうした政治的背景により、現在北朝鮮では韓国という呼称は使われておらず、韓国のことを南朝鮮と呼んでいるほどですが、同様に韓国側でも朝鮮という名称はごく少数の例を除いて極力用いないようにされています。つまり、韓国語なのか朝鮮語なのかという問題はたいへんデリケートな問題をはらんでいるため、このようにいろいろな呼称が生まれてきたのです。北朝鮮の言葉と韓国の言葉には表記法や単語、アクセントなどに若干の差異が認められるだけで、大きな違いはありません。本書では韓国の正書法と発音を中心に構成しているため「韓国語」の呼称を用いています。

2 文法について

外国語に苦手意識を持つ人は少なくないでしょう。そんな人にもおすすめなのが韓国語です。韓国語は日本語を母語とする者にとって、最も学習しやすい言語なのです。語順が日本語とまったく同じなので、単語さえ覚えればある程度直感的に文章を作ることができるからです。

私	は	学生	です。
나	는	학생	입니다.
明日	は	木曜日	です。
내일	은	목요일	입니다.

また、漢字語も日本語と大変似た使われ方をしているため、漢字の発音さえ覚えれば単語力も飛躍的に伸ばすことができます。漢字音は基本的に１文字１音です。

学	ー	학（発音は hak）	学校	ー	학교
哲学	ー	철학	大学	ー	대학

3 文字について

韓国語で用いられる文字はハングル(한글)といいます。ハングルは1443年に世宗大王が学者たちに命じて作らせた文字で、たいへん合理的な構造をもっています。

韓国語学習で一番不安に感じるのは「文字」かもしれません。でも大丈夫。コツさえつかめば早い人は2日ですべての文字を覚えることができます。韓国語はローマ字のように子音字と母音字を組み合わせて単語を作ります。ためしに左の看板の文字を読んでみましょう。

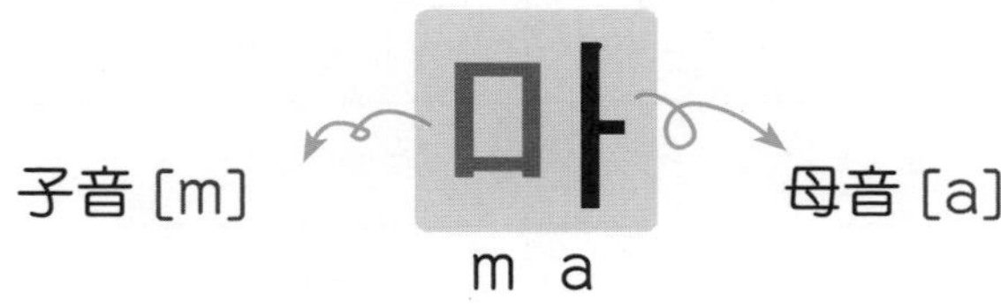

左半分が子音字で右半分が母音字です。母音字は長い棒に短い棒がくっついた形になっています。ㅁはmの音、ㅏは母音のaです。ですから、마は[ma]という音になるのです。このように韓国語は子音字と母音字を組み合わせて音節単位を表し、ほとんどの発音を表記できるという特徴を備えています。

組み合わせは、「子音字＋母音字」、または「子音字＋母音字＋子音字」の2種類があります。

子音字＋母音字	：마[ma]　모[mo]
子音字＋母音字＋子音字	：맘[mam]　몸[mom]

4 日本語との違い

いくら日本語と似ているからといっても、韓国語が外国語であるということは忘れないようにしてください。そのことが上達の決め手になります。日本語と文法が似ている韓国語ですが、どのような点に日本語との違いがあるのでしょうか。

まず、発音の面では子音や母音の数がはるかに多いことがあげられます。また、감や곰のように子音字で終わる単語も多いのです。筆記の面では文節ごとに分かち書きをすることに注意しなくてはなりません(p.36参照)。分かち書きをするのは、文がどこで切れているのかをはっきりさせて、読みやすくさせるためです。

では、韓国語の世界へ飛び込みましょう！

母音字 [1]、母音字 [2]

現代韓国語の母音字は全部で 21 個です。
この課ではそのうちの 14 個の母音字を学びます

1 母音字 [1]

まず 8 個の「単母音」から学びます。 書き順は「上から下へ」「左から右へ」です。

口を大きめに開けて発音します。

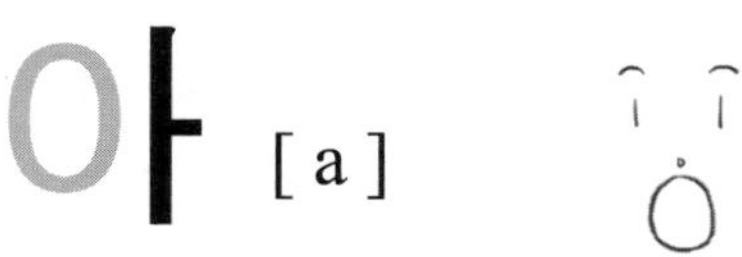 口を大きめに開けて「ア」を発音します。	어 [ɔ] 口を大きめに開けて舌を奥に引きながら「オ」を発音します。

唇を突き出して発音します。

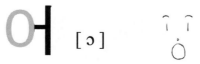

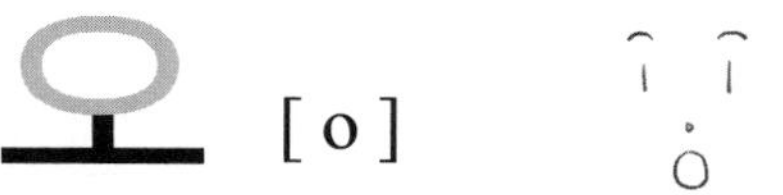 唇を丸く突き出して「オ」を発音します。	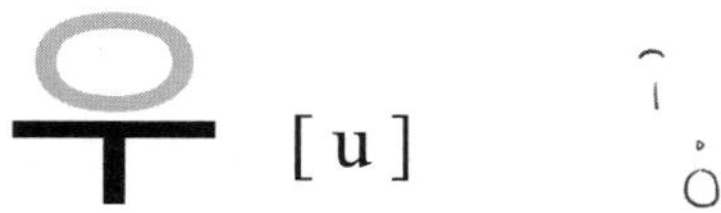 唇を丸く突き出してやや強く「ウ」を発音します。

唇を横に引いて発音します。

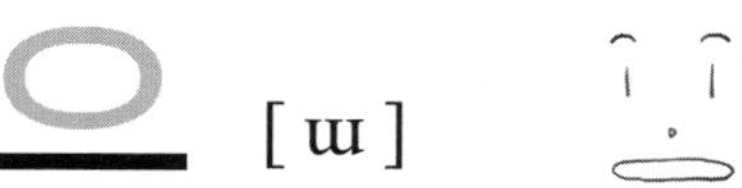 唇を横に引いて歯をかみ合わせるような感じで「ウ」を発音します。	이 [i] 唇を横に引いてはっきり「イ」を発音します。日本語の「イ」とほぼ同じです。

口を半開きにして発音します。

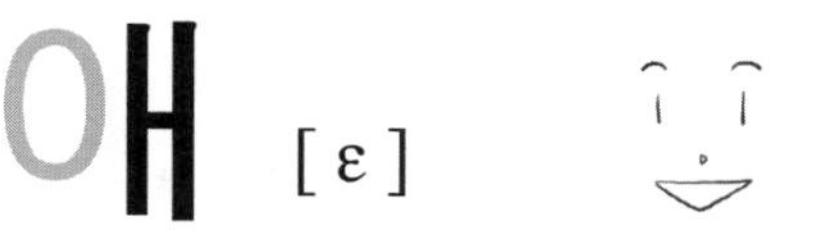 日本語の「エ」より口をやや大きめに開けて、下唇を横に引きながら発音します。	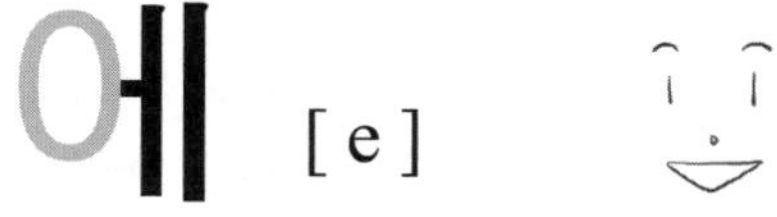 日本語の「エ」とほぼ同じです。

☞ 現代では「애」と「에」は、ほとんど区別できなくなっています。

書き順に注意して次の母音字を発音しながらなぞりましょう。 2♪

母音＼子音	ㅏ	ㅓ	ㅗ	ㅜ	ㅡ	ㅣ	ㅐ	ㅔ
ㅇ	아	어	오	우	으	이	애	에
ㅇ	아	어	오	우	으	이	애	에

☞ 母音字だけを書くときは、音のない「ㅇ」の子音字を左または上に添えて書きます。

練習 1-1　次の単語を発音しながら書いてみましょう。（すべて５級の必修単語！） 3♪

1. 아이 子ども
2. 이 この
3. 오 五
4. -에 ～に（助詞）

☞ 下線は韓国語の単語が日本語と同一の漢字語であることを示します。

あいさつ① 初対面や久しぶりに会ったとき 4♪

안녕하세요?（アンニョンハセヨ） / 안녕하십니까?（アンニョンハシムニカ）　　こんにちは

「안녕하세요? / 안녕하십니까?」は、直訳すると「安寧（あんねい）でいらっしゃいますか」という意味で、朝昼晩関係なく使います。家庭内や毎日会うような親しい間柄では使いません。「안녕하십니까?」はよりかしこまった言い方で男性がよく使います。

2 母音字 [2]

야・여・요・유・애・예は、日本語のヤ行のように半母音「j」がついた母音字です。

■ 口を大きめに開けて発音します。

 [ja]

口を大きめに開けて「ヤ」を発音します。
日本語の「ヤ」とほぼ同じです。

 [jɔ]

口を大きめに開けて舌を奥のほうに引きながら「ヨ」を発音します。

■ 唇を丸く突き出して発音します。

 [jo]

唇を丸く突き出し「ヨ」を発音します。
日本語の「ヨ」とほぼ同じです。

 [ju]

唇を丸く突き出し「ユ」を発音します。
日本語の「ユ」とほぼ同じです。

■ 口は半開きの状態で唇を横に引いて発音します。

애 [jɛ]

唇を横に引いて「イェ」と発音します。

예 [je]

唇を横に引いて「イェ」と発音します。
子音と結合すると[에(e)]と発音します。

☞ 現代では「얘」と「예」は、ほとんど区別できなくなっています。

書き順に注意して次の母音字を発音しながらなぞりましょう。 5

母音 / 子音	ㅑ	ㅕ	ㅛ	ㅠ	ㅒ	ㅖ
ㅇ	야	여	요	유	얘	예
ㅇ	야	여	요	유	얘	예

練習 1-2　次の単語を発音しながら書いてみましょう。（すべて5級の必修単語！）6

1. 우유 牛乳

2. 예 はい

練習 1-3　CD を聞いて聞こえた方の文字に○をつけてみましょう。7

1. 어・우　2. 여・유　3. 으・이　4. 야・요　5. 우・유

練習 1-4　次の単語を読んでみましょう。8

1. 여유　2. 예요　3. 얘야　4. 여우　5. 이유

練習 1-5　10 個の基本母音字を覚えましょう。9

	ㅏ	ㅑ	ㅓ	ㅕ	ㅗ	ㅛ	ㅜ	ㅠ	ㅡ	ㅣ
ㅇ	아	야	어	여	오	요	우	유	으	이

あいさつ②　別れるとき　10

A：안녕히 가세요. / 안녕히 가십시오.　さようなら
（アンニョン ヒ　カ セ ヨ / アンニョン ヒ　カ シプ シ オ）

B：안녕히 계세요. / 안녕히 계십시오.　さようなら
（アンニョン ヒ　ケ セ ヨ / アンニョン ヒ　ケ シプ シ オ）

「안녕히 가세요 / 안녕히 가십시오」は直訳すると「安寧に行ってください」という意味で、相手を見送るときに使います。「안녕히 가십시오」はよりかしこまった言い方です。もう一つの「안녕히 계세요 / 안녕히 계십시오」は「安寧にいらしてください」という意味で、そこに留まる人に使います。電話やメール、手紙の文末には「안녕히 계세요 / 안녕히 계십시오」のほうを用いられます。

文字と発音 2

子音字[1]、子音字[2]

現代韓国語の子音字は 19 個あります。この課ではそのうちの 9 個を学びます。

1 子音字［1］

まず「ㅇ・ㅁ・ㄴ・ㄹ・ㅅ」の５つを習いましょう。（　）の中は子音字の名称です。

ㅇ [無音 /ŋ]　(이응) 初声では無音、終声では〔ŋ〕になります。 例）앙〔ang〕	**ㅁ** [m]　(미음) 「ま行」の音とほぼ同じです。 例）맘〔mam〕
ㄴ [n]　(니은) 「な行」の音とほぼ同じです。 例）난〔nan〕	**ㄹ** [r/l]　(리을) 「ら行」の音とほぼ同じです。初声では[r]、終声では［l］になります。例）랄〔ral〕
ㅅ [s]　(시옷) 「さ行」の音とほぼ同じです。初声では［s］、終声では〔t〕になります（パッチム（終声）規則、p.30 参照)。例）삿〔sat〕	

子音字と母音字を組み合わせて発音しながらなぞりましょう。 11

子音＼母音	ㅏ	ㅓ	ㅗ	ㅜ	ㅡ	ㅣ	ㅐ	ㅔ
ㅇ	아	어	오	우	으	이	애	에
ㅁ	마	머	모	무	므	미	매	메
ㄴ	나	너	노	누	느	니	내	네
ㄹ	라	러	로	루	르	리	래	레
ㅅ	사	서	소	수	스	시	새	세

練習 2-1　次の単語を発音しながら書いてみましょう。（すべて５級の必修単語！）　12

1. 나 私、僕

2. 나무 木

3. 요리 料理

4. 나라 国

5. 소 牛

6. 소리 音

7. 노래 歌

8. 새 鳥

9. 우리 私たち、私の

10. 우리나라 我が国

あいさつ③　別れるとき　13

또 만나요. / 또 만납시다.　またお会いしましょう
(ト マンナヨ / ト マンナプシダ)

또 봐요.　ではまた・・・
(ト ボァヨ)

「또 만나요 / 또 만납시다」は別れるときに使います。形式的なことばではなく、話し手の気持ちがこもった表現です。「또 만납시다」はよりかしこまった言い方で男性がよく使います。

2 子音字［2］- 有声音化

「ㄱ・ㄷ・ㅂ・ㅈ」は語頭と語中での音が違います。語頭では「k・t・p・tʃ」と発音されますが、語中（母音字と終声ㄴ・ㄹ・ㅁ・ㅇの後）では「g・d・b・dʒ」とそれぞれ濁ります。これを有声音化といいます。語中で濁るのはこの4つだけです。

ㄱ ［k/g］ （기역） 語頭では［k］、母音字と終声ㄴ・ㄹ・ㅁ・ㅇの後では濁り、［g］になります。	**ㄷ** ［t/d］ （디귿） 語頭では［t］、母音字と終声ㄴ・ㄹ・ㅁ・ㅇの後では濁り、［d］になります。
ㅂ ［p/b］ （비읍） 語頭では［p］、母音字と終声ㄴ・ㄹ・ㅁ・ㅇの後では濁り、［b］になります。	**ㅈ** ［tʃ/dʒ］ （지읒） 語頭では［tʃ］、母音字と終声ㄴ・ㄹ・ㅁ・ㅇの後では濁り、［dʒ］になります。

子音字と母音字を組み合わせて発音しながらなぞりましょう。 14

子音＼母音	ㅏ	ㅓ	ㅗ	ㅜ	ㅡ	ㅣ	ㅐ	ㅔ
ㄱ	가	거	고	구	그	기	개	게
ㄷ	다	더	도	두	드	디	대	데
ㅂ	바	버	보	부	브	비	배	베
ㅈ	자	저	조	주	즈	지	재	제

☞「가」の左右の組み合わせと「고」の上下の組み合わせは、同じ子音字を使っています。ㄱの角度が微妙に異なっていることに注意してください。例）고（○） 고（×）

練習 2-2 母音字の後での有声音化に注意して読んでみましょう。 15

1. 거기　2. 누구　3. 어디　4. 아버지　5. 제가
6. 아주　7. 자다　8. 그리고　9. 야구　10. 여자

練習 2-3　次の単語を発音しながら書いてみましょう。（すべて５級の必修単語！）　16

1. 고기 * 肉、魚

2. 구두 くつ

3. 개 犬

4. 배 腹、おなか

5. 가게 店、商店

6. 주스 ジュース

7. 자기 自分、自己

8. 비 雨

9. 바다 海

10. 바지 ズボン

* 고기 は、소고기（牛肉）、돼지고기（豚肉）のように合成語を作ります。

あいさつ④　感謝の気持ちを表すとき　17

A：감사합니다.（カムサハムニダ）　ありがとうございます / ありがとうございました

B：천만에요.（チョンマネヨ）　どういたしまして / とんでもないです

「감사합니다」は、直訳すると「感謝します」という意味で、感謝の気持ちを伝えるときに使います。「ありがとうございました」もこの表現を使います。このほかに「고맙습니다（コマプスムニダ）」「고마워요（コマウォヨ）」もあります。答えとしては「천만에요」のほかに「아니에요（アニエヨ）（いいえ）」もよく使われます。

子音字と母音字を組み合わせて発音しながら書いてみましょう。

母音 子音	①ㅏ	②ㅑ	③ㅓ	④ㅕ	⑤ㅗ	⑥ㅛ	⑦ㅜ	⑧ㅠ	⑨ㅡ	⑩ㅣ
①ㄱ	가									
②ㄴ		냐								
③ㄷ			더							
④ㄹ				려						
⑤ㅁ					모					
⑥ㅂ						뵤				
⑦ㅅ							수			
⑧ㅇ								유		
⑨ㅈ	자								즈	

18 ♪ 練習 2-4 次の単語を読んでみましょう。
有声音化のところに傍点をつけてみましょう。（すべて５級の必修単語！）

1. 어머니 母、お母さん
2. 버스 バス
3. 나이 歳、年齢
4. 시디 CD
5. 모두 みんな、すべて
6. 이야기 話、物語
7. 다시 再び
8. 아내 妻
9. 아니요 いいえ
10. 시계 [시게] 時計

☞ 下線は韓国語の単語が日本語と同一の漢字語であることを示します。

ミニ会話❶　恵美が年配の女性と一緒にいる秀民（スミン）に、その女性は誰かをきいています。 19

에미　안녕하세요? 누구세요?　こんにちは。どなたですか。

수민　우리 〈어머니〉예요.　うちの＜母＞です。

에미　어? 안녕하세요?　え？ こんにちは。

에미예요.　恵美です。

＊＜　＞の単語を入れ替えて会話の練習をしましょう。

아버지 父　　아주머니 おばさん　　누나 姉

あいさつ⑤　謝るとき 20

A：미안합니다（ミアナムニダ）. / 미안해요（ミアネヨ）.　すみません

B：아닙니다（アニムニダ）. / 아니에요（アニエヨ）.　いいえ

「미안합니다 / 미안해요」は謝るときに使います。日本語の「すみません」のように人を呼び止めるときには使わないので注意しましょう。答えは「아닙니다 / 아니에요」のほか「괜찮아요（クェンチャナヨ）」（構いません）もよく使います（人を呼ぶときは「여보세요（ヨボセヨ）」といいます）。

文字と発音 3

子音字[3]、子音字[4]

この課では 19 個の子音字のうち残りの 10 個の子音字について学びます。

1 子音字［3］- 激音

激音の字形は、平音（ㄱ・ㄷ・ㅂ・ㅈ）に一画を加えたり形をすこし変えたりして作られたものです。これらは平音より息を強めに吐き出すように発音します。激音（ㅋ・ㅌ・ㅍ・ㅊ）は、語中でも常に同じ音で濁ったりはしません。

ㅋ [kʰ] （키읔） 「ㄱ」より息を強く吐き出しながら発音します。	**ㅌ** [tʰ] （티읕） 「ㄷ」より息を強く吐き出しながら発音します。
ㅍ [pʰ] （피읖） 日本語の「パ行」に近い音です。「ㅂ」より息を強く吐き出しながら発音します。	**ㅊ** [tʃʰ] （치읓） 「ㅈ」より息を強く吐き出しながら発音します。

ㅎ [h] （히읗）
「ハ行」の音と同じです。ただし、母音と終声ㄴ・ㄹ・ㅁ・ㅇの後では発音が弱くなり消えます。（「ㅎ」の弱化、p.32 参照）

子音字と母音字を組み合わせて発音しながらなぞりましょう。 21

子音＼母音	ㅏ	ㅓ	ㅗ	ㅜ	ㅡ	ㅣ	ㅐ	ㅔ
ㅋ	카	커	코	쿠	크	키	캐	케
ㅌ	타	터	토	투	트	티	태	테
ㅍ	파	퍼	포	푸	프	피	패	페
ㅊ	차	처	초	추	츠	치	채	체
ㅎ	하	허	호	후	흐	히	해	헤

練習 3-1　次の単語を発音しながら書いてみましょう。（すべて５級の必修単語！）　22

1. 코 鼻

2. 차 車、茶

3. 고추 唐辛子

4. 치마 スカート

5. 우표 切手

6. 차다 冷たい

7. 아파트 マンション

8. 오후 午後

9. 키가 크다 背が高い

10. 배가 고프다 お腹が空いた

練習 3-2　今まで習った14個の子音字に母音字「ㅏ」を組み合わせて「가나다라」の順で書いてみましょう。この順番を覚えると辞書を引くときに便利です。　23

가	나	다	라	마	바	사	아	자	차	카	타	파	하

練習 3-3　外来語を発音して、その意味を当ててみましょう。　24

1. 코코아　2. 치즈　3. 스파게티　4. 토마토주스

5. 케이크　6. 포크　7. 스테이크　8. 아이스티

2 子音字［4］– 濃音

濃音は5つで、平音「ㄱ・ㄷ・ㅂ・ㅅ・ㅈ」をそれぞれ二つ重ねて書きます。喉を強く緊張させ、息を出さずに発音します。頭に小さい「ッ」を入れて息をもらさずに発音するのがコツです。濃音も激音と同じく語中で濁らず常に同じ音です。

ㄲ [ʔk] (쌍기역) 「サッカー」の「ッカ」の発音です。	**ㄸ** [ʔt] (쌍디귿) 「バッター」の「ッタ」の発音です。
ㅃ [ʔp] (쌍비읍) 「さっぱり」の「っぱ」の発音です。	**ㅆ** [ʔs] (쌍시옷) 「あっさり」の「っさ」の発音です。
ㅉ [ʔʧ] (쌍지읒) 「まっちゃ」の「っちゃ」の発音です。	

子音字と母音字を組み合わせて発音しながらなぞりましょう。 25♪

子音＼母音	ㅏ	ㅓ	ㅗ	ㅜ	ㅡ	ㅣ	ㅐ	ㅔ
ㄲ	까	꺼	꼬	꾸	끄	끼	깨	께
ㄸ	따	떠	또	뚜	뜨	띠	때	떼
ㅃ	빠	뻐	뽀	뿌	쁘	삐	빼	뻬
ㅆ	싸	써	쏘	쑤	쓰	씨	쌔	쎄
ㅉ	짜	쩌	쪼	쭈	쯔	찌	째	쩨

26♪ 練習 3-4 平音・激音・濃音の音の違いに注意して発音してみましょう。

1. 가・카・까
2. 다・타・따
3. 바・파・빠
4. 사・☆・싸
5. 자・차・짜

<平音>

<激音>

<濃音>

練習 3-5　次の単語を発音しながら書いてみましょう。（すべて５級の必修単語！） 27

1. 또 また、さらに
2. 오빠 兄（←妹）
3. 아저씨 おじさん
4. 씨 ～さん、～氏
5. 쓰다 書く、使う
6. 바쁘다 忙しい
7. 비싸다 高い
8. 싸다 安い
9. 어때요? どうですか
10. 나빠요 悪いです

子音字の分類と調音の特徴 （唇 ←→ 喉）

調音の特徴 / 音の性質	唇を閉じる	舌を上の歯茎につける	上下の歯と舌を使う	喉の奥	喉から息を吐き出す
平音（へいおん）	ㅂ	ㄷ	ㅅ　ㅈ	ㄱ	
激音（げきおん）	ㅍ	ㅌ	ㅊ	ㅋ	（ㅎ）
濃音（のうおん）	ㅃ	ㄸ	ㅆ　ㅉ	ㄲ	
鼻音（びおん）	ㅁ	ㄴ		ㅇ	
流音（りゅうおん）		ㄹ			

文字と発音 4

母音字［3］

この課では残りの７個の二重母音字を学びます。
これらは単母音字を二つ組み合わせたものです。

1 母音字［3］

■ 以下は［w］で始まる音なので唇を丸めた形で発音を始めます。

와 ［wa］ ㅗ＋ㅏ 「ワ」と同じです。	**워** ［wɔ］ ㅜ＋ㅓ 「ウォ」と発音します。
왜 ［wɛ］ ㅗ＋ㅐ 「ウェ」のつもりで口を大きく開きながら発音します。	**웨** ［we］ ㅜ＋ㅔ 「ウェ」のつもりで最後は唇をあまり開かないように発音します。
외 ［we］ ㅗ＋ㅣ 唇を軽く前に突き出して発音します。	**위** ［wi］ ㅜ＋ㅣ まず唇を突き出して、次に横に引きながら一気に「ウィ」と発音します。

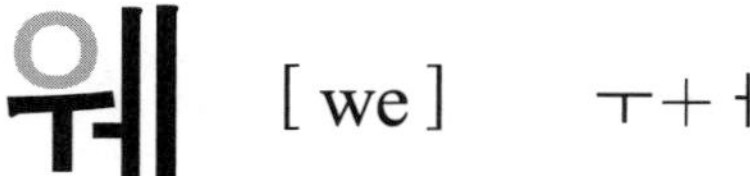

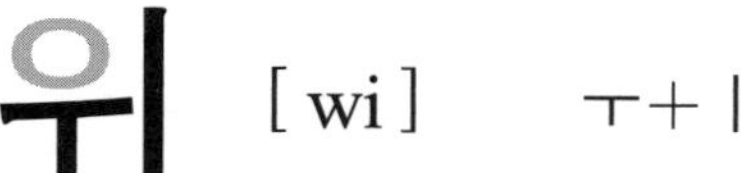

☞ 現代では**왜**と**외**、**웨**の音は区別できなくなっています。
「**웨**」は主に外来語の表記に用いられます。　例）waiter → **웨이터**, wedding → **웨딩**

■「의」は唇を横に引いたままで変わりません。

의 ［ɯi］ ㅡ＋ㅣ　　例）①의자　②거의　③어머니의

①は、唇を横にして으と이を一気に発音します。②は、［이］の音になります（子音字との結合や語中・語末で）。③では、［에］と発音されます（助詞（～の）として用いられる場合）。

書き順に注意して次の母音字を発音しながらなぞりましょう。 28

母音 ＼ 子音	ㅘ	ㅙ	ㅚ	ㅝ	ㅞ	ㅟ	ㅢ
ㅇ	와	왜	외	워	웨	위	의

練習 4-1 次の単語を発音しながら書いてみましょう。（すべて５級の必修単語！） 29

1. 와요 来ます

2. 사과 リンゴ

3. 봐요 見ます

4. 돼지 豚

5. 왜 なぜ、どうして

6. 회사 会社

7. 뒤 後ろ

8. 취미 趣味

9. 배워요 学びます

10. 거의 ほとんど

あいさつ⑥ **謝罪するとき** 30

A： 죄송해요. / 죄송합니다.（チェソンヘヨ / チェソンハムニダ） 申し訳ありません

B： 괜찮아요. / 괜찮습니다.（クェンチャナヨ / クェンチャンスムニダ） かまいません・大丈夫です

「죄송해요 / 죄송합니다」は、公式の場での謝罪や目上の人に対して使います。「죄송합니다」はよりかしこまった言い方です。「괜찮아요 / 괜찮습니다」のほかに「아니에요」（いいえ）もよく使われます。

子音字と母音字を組み合わせて「ハングル表」の空欄をうめましょう。

母音／子音	①ㅏ	②ㅑ	③ㅓ	④ㅕ	⑤ㅗ	⑥ㅛ	⑦ㅜ	⑧ㅠ	⑨ㅡ	⑩ㅣ
①ㄱ	가				고		구			
②ㄴ		냐								
③ㄷ			더							
④ㄹ				려						
⑤ㅁ					모					
⑥ㅂ						뵤				
⑦ㅅ							수			
⑧ㅇ								유		
⑨ㅈ									즈	
⑩ㅊ										치
⑪ㅋ									크	
⑫ㅌ								튜		
⑬ㅍ							푸			
⑭ㅎ						효				

ミニ会話❷　秀民(スミン)の家の前で「さようなら」のあいさつをしている恵美です。 31

수민　안녕히 가세요.　さようなら。

어머니　잘 가요.　気をつけてね。

에미　예, 안녕히 계세요.　さようなら。

〈어머님〉도 안녕히 계세요.　＜お母さん＞もさようなら。

＊＜　＞の単語を入れ替えて会話の練習をしましょう。

아버지 お父さん　　아주머니 おばさん　　아저씨 おじさん

あいさつ⑦　食事のとき 32

A： 많이(マニ) 드세요(トゥセヨ). / 드십시오(トゥシプシオ).　どうぞ召し上がって下さい

B： 잘 먹겠습니다(チャル モッケッスムニダ).　いただきます

韓国の一般家庭では、食事の前に手を合わせて「いただきます」という習慣はありませんが、招待されたりご馳走になったときには「잘 먹겠습니다」といいます。食後には、「잘 먹었습니다(チャル モゴッスムニダ)」(ごちそうさまでした) といいます。(韓国の食堂で「잘 먹겠습니다」というと同席している人に「おごってください」という意味にとられることがあります)

文字と発音 5「パッチム」

この課では「パッチム」について学びます。

「パッチム」とは、例えば「김」の最後の子音字の「ㅁ」を指します。つまり、子音字「ㄱ」(初声)＋母音字「ㅣ」(中声)＋子音字「ㅁ」(終声)の組み合わせで一つの音節をなすわけですが、その最後の子音字(終声)を「パッチム(받침)」といいます。

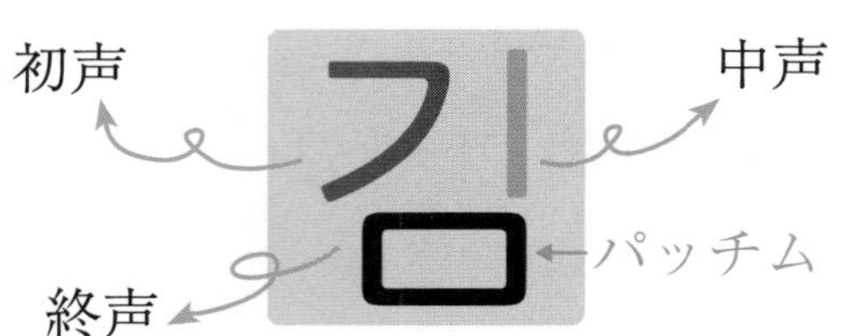

1 有声音パッチムーㄹ [l], ㅁ [m], ㄴ [n], ㅇ [ŋ] 33

有声音パッチムは、唇の形や位置に注意しながら音を響かせるのがコツです。

	① 알 [al] 舌さきを丸めるようにして上あごにつけて音を響かせます。	
② 암 [am] 唇を閉じ、音を響かせます。 「あんま」の「ん」の発音に近い。	③ 안 [an] 口は閉じず、舌さきを上の歯茎につけて音を響かせます。 「あんない(案内)」の「ん」の発音に近い。	④ 앙 [aŋ] 口を開け、舌の根元をのどの奥につけて音を響かせます。 「あんこ」の「ん」の発音に近い。

☞ ①②③④のパッチムは有声音の「響く音」のため、その後の「ㄱ・ㄷ・ㅂ・ㅈ」が濁ります(有声音化、p.14 参照)。　例)한글(ハングル)　불고기(プルゴギ)

34 

CD を聞いて正しい「パッチム」を書き入れてみましょう。

1. 바 部屋 (　　)　2. 바 夜 (　　)　3. 바 半、半分 (　　)　4. 바 足 (　　)

練習 5-2 次の単語を発音しながら書いてみましょう。（すべて５級の必修単語！） 35

1. 빵 パン
2. 불고기 焼肉
3. 물 水
4. 생선 魚
5. 손님 お客さん
6. 몸 身体
7. 병 病気
8. 조선 朝鮮
9. 한글 ハングル
10. 달 月

練習 5-3 身体（몸）に関する単語を読んで覚えましょう。（すべて５級の必修単語！） 36

1. 머리 頭、髪 2. 얼굴 顔 3. 눈 目 4. 코 鼻 5. 입 口 6. 귀 耳
7. 가슴 胸 8. 팔 腕 9. 손 手 10. 허리 腰 11. 다리 脚 12. 발 足

あいづち言葉① 37

그렇습니다. / 그래요.（クロッスムニダ / クレヨ） そうです
맞습니다. / 맞아요.（マッスムニダ / マジャヨ） そうです/その通りです

あいづち言葉はコミュニケーションの円滑油のような役割をはたします。「그렇습니다 / 맞습니다」は、よりかしこまった言い方です。疑問形の「그렇습니까? / 그래요?（そうですか）」もあわせて覚えておきましょう。「맞습니까? / 맞아요?」には「合っていますか」という意味があり、確認などにもよく使われます。

練習 5-4　身体（몸）に関する単語を、[　　　　] のなかに書き入れてみましょう。

2 無声音パッチム－ㅂ [p], ㄷ [t], ㄱ [k] 38

無声音パッチムは、口の構えだけで音と息は出さないように息を止めるのがコツです。

	① 알 [al]	
② 암 [am]	③ 안 [an]	④ 앙 [aŋ]
⑤ 압 (ㅂ, ㅍ) [ap] 唇をしっかり閉じ、息の流れを止めます。	⑥ 앋 (ㄷ, ㅌ ㅅ, ㅆ ㅈ, ㅊ, ㅎ) [at] 口は閉じず、舌さきを噛み、息の流れを止めます。	⑦ 악 (ㄱ, ㅋ, ㄲ) [ak] 口を開け、舌の根元を上あごにつけて、息の流れを止めます。

☞ ⑤⑥⑦のパッチムは無声音の「詰まる音」のため、この後の平音に影響を与え、平音を濃音に変化させます。例）학교 [학꾜]（濃音化規則、p.32 参照）

練習 5-5 次の単語を発音しながら書いてみましょう。（すべて５級の必修単語！） 39

1. 국 スープ
2. 곧 すぐに
3. 집 家
4. 역 駅
5. 밥 ご飯
6. 가족 家族
7. 우체국 郵便局
8. 학생 [학쌩] 学生
9. 학교 [학꾜] 学校
10. 식당 [식땅] 食堂

パッチム（終声）規則

韓国語のパッチムは27種類ありますが、実際発音されるのは7通りしかありません。パッチムには一文字のものと、二文字のものがあります。二文字パッチムは、どちらか1つを読みます。

・左側を読む： ㄳ ㅄ ㄵ ㄶ ㄼ ㄽ ㄾ ㅀ　例）여덟 [여덜]
・右側を読む： ㄺ* ㄻ ㄿ　例）읽다 [익따]

* ㄺパッチムは、原則的に右側を読みますが、その後に「ㄱ」が続く場合は「ㄹ」と読みます。
例）읽고 [일꼬]

代表字（7）	発音	一文字パッチム（16）	二文字パッチム（11）
①ㄹ類	[-l]	ㄹ	ㄼ ㄽ ㄾ ㅀ
②ㅁ類	[-m]	ㅁ	ㄻ
③ㄴ類	[-n]	ㄴ	ㄵ ㄶ
④ㅇ類	[-ŋ]	ㅇ	――
⑤ㅂ類	[-p]	ㅂ ㅍ	ㅄ ㄿ
⑥ㄷ類	[-t]	ㄷ ㅌ ㅅ ㅆ ㅈ ㅊ ㅎ	――
⑦ㄱ類	[-k]	ㄱ ㅋ ㄲ	ㄳ ㄺ*

40 練習 5-6　次の単語を発音通りハングルで書いてみましょう。（すべて5級の必修単語！）

1. 맛 味 [맏]　　2. 밖 外 [ ]
3. 밑 下 [ ]　　4. 앞 前 [ ]
5. 끝 終わり [ ]　　6. 값 値段 [ ]
7. 꽃 花 [ ]　　8. 닭 ニワトリ [ ]
9. 낮 昼 [ ]　　10. 여덟 8 [ ]

☞ ここで単語を全部覚える必要はありません。見慣れないパッチムや二文字パッチムに出会ったらこのルールを思い出して確認するようにしましょう。それに5級で出てくる二文字パッチムの単語は13個しかありません。
（값, 닭, 여덟, 읽다, 앉다, 괜찮다, 싫다, 싫어하다, 많다, 많이, 짧다, 없다, 재미없다）

文字と発音 6

発音のルール

この課では発音をなめらかにするためのいくつかの規則を学びます。

連音化

パッチムの後に音のない「ㅇ」が続くと、パッチムの子音字が「ㅇ」の位置に移って発音されます。

例）단어 → ［다너］単語

また二文字のパッチムは、左側は残り、母音字と近い右側のものが連音化します。ただし「ㅆ」「ㄲ」のパッチムは一文字として扱います。

例）읽어요 →［일거요］読みます　cf. 있어요 →［이써요］あります

練習 6-1　助詞「이(が)」をつけて読んでみましょう。（すべて５級の必修単語！）　41

1. 한국이 [한구기]　韓国が
2. 일본이 [일보니]　日本が
3. 꽃이 [꼬치]　花が
4. 속옷이 [소고시]　下着が
5. 집이 [지비]　家が
6. 구름이 [구르미]　雲が
7. 글이 [그리]　文章が

☞「ㅇ」パッチムは連音化されずそのまま発音され、「ㅇ」パッチムに続く母音が鼻濁音になります。
例）강이［강이］川が　cf. 각이［가기］
방이［방이］部屋が　cf. 박이［바기］

口蓋音化

「ㄷ」「ㅌ」パッチムのあとに「이」が続くと、それぞれ「지」「치」に発音されます。

例）맏이［마지］長女・長男　같이［가치］一緒に

☞ 初級では「같이」だけを覚えれば十分です。

濃音化 (p.29 参照)

パッチム規則により「p」「t」「k」と発音されるパッチムのあとでの平音は、濃音と発音されます。

例）학생 [학쌩] 学生　　숫자 [숟짜] 数字

42 練習 6-2 次の単語を発音通り書いてみましょう。(すべて5級の必修単語！)

1. 학교 学校 [ ]
2. 재미있다 面白い [ ]
3. 재미없다 面白くない [ ]
4. 벗다 脱ぐ [ ]

激音化

ㄱ・ㄷ・ㅂパッチムのあとに「ㅎ」がつづく場合と、ㅎ（ㄶ, ㅀ）パッチムのあとに「ㄱ・ㄷ・ㅈ」がつづく場合は、二つの子音が融合され激音で発音されます。

例）축하 [추카]（ㄱ＋ㅎ＝ㅋ）祝賀　싫다 [실타]（ㅎ＋ㄷ＝ㅌ）いやだ

43 練習 6-3 次の単語を発音通り書いてみましょう。(すべて5級の必修単語！)

1. 부탁하다 頼む [ ]
2. 못하다 下手だ、できない [ ]
3. 어떻게 どのように [ ]
4. 놓다 置く [ ]

「ㅎ」の弱化 (p.18 参照)

母音の後やㄴ・ㄹ・ㅁ・ㅇパッチムの後での「ㅎ」の音は、弱くなり消えます。

例）좋아요→（조하요）→[조아요]　많이→（만히）→[마니]

44 練習 6-4 次の単語を発音通り書いてみましょう。(すべて5級の必修単語！)

1. 전화 電話 [ ]
2. 싫어해요 嫌いです [ ]
3. 많아요 多いです [ ]
4. 괜찮아요 大丈夫です [ ]

鼻音化

[p] [t] [k] パッチムのあとに鼻音「ㄴ」「ㅁ」が続くと、[p] [t] [k] の音が鼻音の影響を受けて [m]「n」[ŋ] へと変化します。

パッチム（終声）＋ 初声		パッチム（終声）＋ 初声	
[p]（ㅂ，ㅄなど）	＋ㄴ，ㅁ	[m]（ㅁ）	＋ㄴ，ㅁ
[t]（ㄷ，ㅌ，ㅊなど）	＋ㄴ，ㅁ	[n]（ㄴ）	＋ㄴ，ㅁ
[k]（ㄱ，ㄺなど）	＋ㄴ，ㅁ	[ŋ]（ㅇ）	＋ㄴ，ㅁ

例）한국말 [한궁말] 韓国語　　입니다 [임니다] ～です

練習 6-5　次の単語を発音通り書いてみましょう。（すべて５級の必修単語！）　45

1. 입니까？　～ですか　[　　　　]
2. 끝나다　終わる　[　　　　]
3. 합니다　します　[　　　　]
4. 십만　十万　[　　　　]

ㄹのㄴ化

ㄱ・ㅂ・ㅁ・ㅇパッチムの後の「ㄹ」は「ㄴ」と発音され、鼻音化を伴います。

例）독립 [동닙] 独立　　　법률 [범뉼] 法律
　　심리 [심니] 心理　　　대통령 [대통녕] 大統領

流音化（ㄴのㄹ化）

「ㄹ」の前後の「ㄴ」は「ㄹ」と発音されます。

例）열넷 [열렏] 14　　　신라 [실라] 新羅

あいづち言葉②　46

모르겠습니다. / 모르겠어요.（モルゲッスムニダ／モルゲッソヨ）　知りません / わかりません

日本語では「わからない」と「知らない」を使い分けしていますが、韓国語では両方とも「모르다」で表現します。「모르겠습니다」は、よりかしこまった言い方です。

かな文字のハングル表記（「韓国国立国語院」の外来語表記法による）

かな	語頭	語中・語末	注意点
あ い う え お	아 이 우 에 오	아 이 우 에 오	
か き く け こ	가 기 구 게 고	카 키 쿠 케 코	
さ し す せ そ	사 시 스 세 소	사 시 스 세 소	「す」は수ではなく스
た ち つ て と	다 지 쓰 데 도	타 치 쓰 테 토	「つ」は쓰
な に ぬ ね の	나 니 누 네 노	나 니 누 네 노	
は ひ ふ へ ほ	하 히 후 헤 호	하 히 후 헤 호	「ㅎ」は語中･語末で濁らない。
ま み む め も	마 미 무 메 모	마 미 무 메 모	
や ゆ よ	야 유 요	야 유 요	
ら り る れ ろ	라 리 루 레 로	라 리 루 레 로	
わ う を	와 우 오	와 우 오	
ん			「ㄴ」パッチムを使う。
が ぎ ぐ げ ご	가 기 구 게 고	가 기 구 게 고	
ざ じ ず ぜ ぞ	자 지 즈 제 조	자 지 즈 제 조	
だ ぢ づ で ど	다 지 즈 데 도	다 지 즈 데 도	
ば び ぶ べ ぼ	바 비 부 베 보	바 비 부 베 보	
ぱ ぴ ぷ ぺ ぽ	파 피 푸 페 포	파 피 푸 페 포	
きゃ きゅ きょ	갸 규 교	캬 큐 쿄	
ぎゃ ぎゅ ぎょ	갸 규 교	갸 규 교	
しゃ しゅ しょ	샤 슈 쇼	샤 슈 쇼	
じゃ じゅ じょ	자 주 조	자 주 조	表記に注意。
ちゃ ちゅ ちょ	자 주 조	차 추 초	表記に注意。
にゃ にゅ にょ	냐 뉴 뇨	냐 뉴 뇨	
ひゃ ひゅ ひょ	햐 휴 효	햐 휴 효	
びゃ びゅ びょ	뱌 뷰 뵤	뱌 뷰 뵤	
ぴゃ ぴゅ ぴょ	퍄 퓨 표	퍄 퓨 표	
みゃ みゅ みょ	먀 뮤 묘	먀 뮤 묘	
りゃ りゅ りょ	랴 류 료	랴 류 료	

☞ ハングル表記において以下の点に注意しましょう。

① 語中の濁音（「が行」「だ行」）は「平音」で書きます。　例）ひがし → **히가시**
語中の清音（「か行」「た行」）は「激音」で書きます。　例）ひかり → **히카리**

② 濁音は語頭でも語中でも「平音」で書きます（語頭の濁音はハングルで表せない）。
例）銀閣寺（ぎんかくじ） → **긴카쿠지**　cf：金閣寺（きんかくじ）→ **긴카쿠지**

③ 長音は表記しません。
例）大阪（おおさか） → ○ **오사카**　x **오오사카**

④ 「っ」は「ㅅ」パッチム、「ん」は「ㄴ」パッチムを使います。
例）鳥取（とっとり） → **돗토리**、 群馬（ぐんま） → **군마**

練習 6-6 日本の地名、人名をハングルで書いてみましょう。

1. 札幌 .... 2. 名古屋 ....

3. 東京 .... 4. 京都 ....

5. 沖縄 .... 6. 仙台 ....

7. 鈴木 .... 8. 加藤 ....

9. 本田 .... 10. 田中 ....

* 自分の名前 ....

ミニ会話❸ 恵美が初めて会う留学先の金先生にあいさつをしています。 47

선생님	어서 오세요.	いらっしゃい。
	반가워요.	(お会いできて) 嬉しいです。
에미	네, 안녕하세요.	ええ、こんにちは。
	〈후지이 에미〉라고 합니다.	藤井恵美と申します。
	잘 부탁드리겠습니다.	よろしくお願いいたします。

＊＜　　　＞に自分の名前を入れて会話の練習をしましょう。

辞書の引き方

語学の勉強には辞書が欠かせません。日本語の辞書は「あかさたな…」の順に並んでいますが、韓国語の辞書は19ページで覚えた「가나다라…」の順に単語が並べてあります。「濃音」はそれぞれ「平音」の後に来ます。たとえば「책」という単語の意味を調べるためには、まず「ㅊ」がどの辺に出てくるのかを確認したうえで「ㅐ」と「ㄱ」を探さなければなりません。

ㅊ（初声） ＋ ㅐ（中声） ＋ ㄱ（終声）→ 책

初声：19個の子音字

ㄱ ㄲ ㄴ ㄷ ㄸ ㄹ ㅁ ㅂ ㅃ ㅅ ㅆ ㅇ ㅈ ㅉ ㅊ ㅋ ㅌ ㅍ ㅎ

中声：21個の母音字

ㅏ ㅐ ㅑ ㅒ ㅓ ㅔ ㅕ ㅖ ㅗ ㅘ ㅙ ㅚ ㅛ ㅜ ㅝ ㅞ ㅟ ㅠ ㅡ ㅢ ㅣ

終声：27種類のパッチム

ㄱ ㄲ ㄳ ㄴ ㄵ ㄶ ㄷ ㄹ ㄺ ㄻ ㄼ ㄽ ㄾ ㄿ ㅀ ㅁ ㅂ ㅄ ㅅ ㅆ ㅇ ㅈ ㅊ ㅋ ㅌ ㅍ ㅎ

練習 6-7 次の単語の意味を辞書で調べてみましょう。（すべて5級の必修単語！） 48

1. 나다 ………… 2. 불 ………… 3. 고양이 ………… 4. 처음 …………

5. 낮다 ………… 6. 속 ………… 7. 드라마 ………… 8. 사랑 …………

「分かち書き」について

ハングルは書くときに「分かち書き（띄어쓰기）」をします。基本的に文節毎に一文字ずつ空けて書くのですが、特に以下の点に注意しましょう。

・続けて書く場合

① 助詞	例）우리는
②「입니다（です）/ 입니까？（ですか）」	例）학생입니다.
③ 語尾	例）있습니다.　있어요.
④ 複合語	例）여학생（女学生）　나가다（出て行く）

・一文字空ける場合

① 助数詞	例）몇✔권（何冊）
②「の」の省略の場合	例）책상✔위（机の上）
③ 依存名詞（것 など）	例）이것은　제　동생✔것입니다.
④ 呼称	例）김수민✔씨는　제　친구예요.

ハングル能力検定試験５級模擬テスト①

< 発音・表記 >

1. 発音通りに表記されたものを、①～④の中から１つ選びなさい。

1) 단어 単語	① 단너	② 다어	③ 다너	④ 당어
2) 입니다 です	① 임니다	② 잎니다	③ 인니다	④ 잉니다
3) 학생 学生	① 학생	② 하생	③ 학쌩	④ 하쌩
4) 많이 たくさん	① 마니	② 만히	③ 말이	④ 만이
5) 옷이 服が	① 옷디	② 오시	③ 오디	④ 오이

☞ 連音化、鼻音化、濃音化、２文字パッチムなどに注意しましょう！

2. 日本の地名、人名として最も適切なものを、①～④の中から１つ選びなさい。

1) 名古屋（なごや）	① 나거야	② 나고야	③ 나고여	④ 나거여
2) 大阪（おおさか）	① 오오사카	② 오사가	③ 오사카	④ 오오사가
3) 神戸（こうべ）	① 고오베	② 고베	③ 고우베	④ 코베
4) 和田（わだ）	① 와타	② 와다	③ 오타	④ 오다
5) 橋本（はしもと）	① 아시모토	② 하시모도	③ 하시모드	④ 하시모토

☞ 韓国語では長音を表記しない！語中での清音は激音を書きます。

< 単語 >

3. 日本語の正しいハングル表記を、①～④の中から１つ選びなさい。

1) 日本	① 일본	② 이본	③ 이본	④ 일번
2) 韓国	① 하국	② 한국	③ 헌국	④ 허국
3) 父	① 아보지	② 아버디	③ 아버지	④ 아보디
4) 味	① 맛	② 막	③ 밧	④ 박
5) りんご	① 사궈	② 자과	③ 자궈	④ 사과

< あいさつ >

4. 次の場面や状況でもっとも適切なあいさつの言葉を①～④の中から１つ選びなさい。

1) 久しぶりに知り合いと再会したとき。
① 안녕히 계세요　② 안녕히 가세요　③ 오래간만입니다　④ 미안합니다

2) ご馳走になったとき、食後に。
① 잘 먹었습니다　② 미안합니다　③ 잘 먹겠습니다　④ 죄송합니다

3) 電話に出たとき。
① 여보세요　② 안녕하세요　③ 들어가세요　④ 미안합니다

4)「今から韓国に帰る」と電話で別れのあいさつをする人に対して。
① 안녕히 계세요　② 안녕히 가세요　③ 오래간만입니다　④ 미안합니다

5) 約束に遅れてきて「遅くなってすみません」とお詫びする人に対して。
① 죄송합니다　② 괜찮습니다　③ 미안합니다　④ 천만에요

☞ 解答は p.88。

教室での「한국말」

공부할까요?
勉強しましょうか。
○○페이지를 보세요.
○○ページを見てください。

큰소리로!
大きな声で！
따라 읽으세요.
後について発音してください。

단어 시험 있어요.
単語の試験があります。
숙제 있어요.
宿題があります。

알겠습니까?
分かりましたか？

네, 알겠습니다.
はい、分かりました。

오늘은 여기까지.
今日はここまで。

文法と会話編

登場人物

후지이 에미
（藤井恵美、ふじい えみ）

韓国語が大好きな大学１年生の日本人女性。夏休みを利用して本場の韓国語を学ぶために短期留学をしました。明るくて何でも前向きに考える性格です。最初は友達の名前も聞き取れなくて、ちんぷんかんぷんでしたが･･･。

김 수민
（金秀民、キム・スミン）

日本文学専攻の大学２年生の韓国人男性。担当教授の紹介で藤井恵美のチューターとなり、韓国語を教えたり一緒に食事をしたりするうちに、恵美にひかれていきます。少し恥ずかしがり屋ですが、素直な性格の持ち主です。

이 종국
（李鍾国、イ･ジョングク）

スミンの友達の韓国人男性。社会人ですが、スミンと一緒に日本語を勉強しています。スミンの紹介で憧れの日本人女性と出会い、有頂天になっています。超イケメンで何事にも積極的な性格です。

背 景

韓国語の大好きな藤井恵美が夏休みを利用して本場の韓国語を学ぶために短期留学をしました。留学先の金先生から男の子のチューター（金秀民）を紹介してもらったところからストーリーが始まります。恥ずかしがり屋のスミンは、友人のジョングクを恵美に紹介して３人は仲良くなります。

私の名前は藤井恵美です

学習目標：「AはBですか？」「AはBです」の表現を学びます。

49

제 이름은 후지이 에미입니다.	私の名前は藤井恵美です。
저는 학생입니다.	私は学生です。
수민 씨는 학생입니다까?	スミンさんは学生ですか。

POINT 1 -는 / 은（助詞） ～は

日本語の「～は」に当たる助詞。助詞の前にくる体言（名詞・代名詞・数詞）の最終音節が母音か子音かによって使い分けます。

母音体言（パッチム無）＋는 子音体言（パッチム有）＋은	여기는 이것은 [이거슨]

POINT 2 -입니까？ ～ですか

日本語の「～ですか」に当たる表現。日本語とは違い、疑問形の「입니까」には必ず「？」をつけます。発音の変化が起こり［임니까］と発音されます（p.33 鼻音化参照）。

体言＋입니까？	여기는 어디입니까? [어디임니까] 이것은 무엇입니까? [무어심니까]

POINT 3 -입니다 ～です

日本語の「～です」に当たる表現。「-입니다」の前に子音がくると、連音化が起こるので発音に注意しましょう。

体言＋입니다	여기는 도서관입니다. [도서과님니다] 이것은 한국어 책입니다. [채김니다]

もっと知りたい！

体言　　：名詞や代名詞、数詞のことを体言といいます。
母音体言：体言の最終音節が母音（パッチム無）のもの。　例）어머니, 아버지
子音体言：体言の最終音節が子音（パッチム有）のもの。　例）서울, 부산

練習 1-1 (　　) の中に「는」または「은」を入れてみましょう。

1) 저(　　) 대학생입니다.　私は大学生です。
2) 화장실(　　) 저기입니다.　トイレはあそこです。
3) 이것(　　) 한국어 책입니다.　これは韓国語の本です。

練習 1-2 例のように「A は B ですか？」の文を作ってみましょう。

例）그 사람 / 학생 ➡ 그 사람은 학생입니까? (その人は学生ですか)

1) 도서관 / 어디
(図書館 / ....)　............
2) 그 사람 / 누구
(............ / 誰)　............
3) 한국어 책 / 어느 것
(韓国語の本 / ....)　............

練習 1-3 例のように「A は B です」の文を作ってみましょう。

例）여기 / 학교 ➡ 여기는 학교입니다. (ここは学校です)

1) 저기 / 도서관
(あそこ / ....)　............
2) 이 사람 / 대학생
(この人 / ....)　............
3) 여기 / 식당
(............ / 食堂)　............

指示詞や代名詞

指示詞	事物	場所
이　この → 이 사람 この人	이것 (이거) これ	여기 ここ
그　その → 그 사람 その人	그것 (그거) それ	거기 そこ
저　あの → 저 사람 あの人	저것 (저거) あれ	저기 あそこ
어느 どの → 어느 사람 どなた	어느 것 (어느 거) どれ	어디 どこ

では、次の単語と表現をしっかり覚えた上で、次のページの会話文を聞いてみましょう。

単語と表現

□저　私
□제 이름　私の名前
□네　はい
□대학생 [대학쌩]　大学生
□-씨　～氏、さん
□-도　～も（助詞）
□잘　よろしく
□부탁합니다 [부타캄니다]　お願いします
□고등학생 [高等學生]　高校生
□여동생 [女同生]　妹
□남동생 [男同生]　弟

会 話　恵美は金先生の紹介で韓国人のチューターに初めて会い、自己紹介をしました。

50

수민　① 안녕하십니까?

② 저는 김수민**입니다**.

③ 만나서 반갑습니다.

에미　④ 네, 안녕하세요?

⑤ 제 이름은 후지이 에미**입니다**.

⑥ 수민 씨는 대학생**입니까**?

수민　⑦ 네, 그렇습니다. 에미 씨도?

에미　⑧ 네, 잘 부탁합니다.

秀民　① こんにちは。

② 私は金秀民（キム・スミン）です。

③ お会いできて嬉しいです。

恵美　④ こんにちは。

⑤ 私の名前は藤井恵美です。

⑥ スミンさんは大学生ですか。

秀民　⑦ ええ、そうです。恵美さんも？

恵美　⑧ はい、よろしくお願いします。

恵美の異文化体験！？①

「〜씨」は、日本語の「さん」や「氏」とはニュアンスがかなり違うみたい。金さんのつもりで「**김씨**」と言ったら怒られちゃいました。「〜씨」はフルネームにつけるのが原則で、親しい関係なら下の名前につけてもいいそうです。相手が同世代や同僚なら使えるけど、目上の人に使ったら失礼になるんだって。

練習 1-4　単語（단어）を入れ替え、会話の練習をしましょう。

A：남동생(여동생) 는 / 은　①고등학생 입니까?　B：네, ①　　입니다.

A：		①	
남동생(여동생)	는 / 은	고등학생	입니까?
어머니		의사	
아버지		교사	
언니(누나)		회사원	
오빠(형)		대학생	

B：네, ①　　입니다.

練習 1-5　音声をよく聞いて、その人の名前と職業とを線で結んでください。　51

대학생 大学生	의사 医師	교사 教師	회사원 会社員

처음 뵙겠습니다.　はじめまして。
저는 오가와 유미라고 합니다.　私は小川由美と申します。
대학생입니다.　大学生です。
잘 부탁합니다.　よろしくお願いします。

例）오가와 유미 ・――――――――・대학생

1) 우에노 도키코 ・　　　　・의사
2) 후지이 다카시 ・　　　　・교사
3) 야마다 하나코 ・　　　　・회사원

練習 1-6　韓国語で言ってみましょう。

1) 私は○○と申します。 ....

2) お会いできて嬉しいです。 ....

3) 私は大学生です。 ....

4) 妹は高校生です。 ....

5) よろしくお願いします。 ....

제 2 과 学生ではありません

学習目標：「～ではありません」、「～ではなく」の表現を学びます。

52

제 친구는 학생이 아닙니다.	私の友達は学生ではありません。
학생이 아니라 직장인입니다.	学生ではなくサラリーマンです。
회사에 다닙니다.	会社に通っています。

POINT 1 -가 / 이 아닙니다 ～ではありません

体言（名詞・代名詞・数字）につけてその体言を否定するときに使います。-가 / 이の後は一文字空けて書きます（分かち書き）。

母音体言 + 가 아닙니다 子音体言 + 이 아닙니다	교사가 아닙니다. 학생이 아닙니다.

POINT 2 -가 / 이 아니라 ～ではなく

「～ではなく」という表現。主に「～ではなく～です」というふうに用いられます。

母音体言 + 가 아니라 子音体言 + 이 아니라	교사가 아니라 학생입니다. 학생이 아니라 직장인입니다.

POINT 3 -에①（助詞）～に・へ（方向・目的地）

「에」にはいくつかの用法があります。ここでは主に「가다（行く）」「오다（来る）」「다니다（通う）」などと共に用いられ、方向や目的地を表す用法を学びます。

体言 + 에	제 친구는 회사에 다닙니다. 우리는 바다가 아니라 산에 갑니다.

もっと知りたい！ 指定詞「이다 , 아니다」

「이다（だ）」「아니다（ではない）」は、「책이다（本だ）」「책이 아니다（本ではない）」のように体言につけて断定や説明を表します。これらを動詞と区別して「指定詞」といいます。また日本語では「忙しいです」のように形容詞にも「です」が接続しますが、韓国語の「입니다」は体言にしか接続しません。

練習 2-1 例のように「いいえ」で答えてください。

例) 이 친구도 학생입니까? ➡ 아뇨, 학생이 아닙니다. (いいえ、学生ではありません)

1) 여동생도 대학생입니까? 아뇨, ...

2) 남동생은 고등학생입니까? 아뇨, ...

3) 어머니는 의사입니까? 아뇨, ...

4) 언니(누나)는 회사원입니까? 아뇨, ...

5) 형(오빠)도 선생님입니까? 아뇨, ...

練習 2-2 「A ではなく B です」の文を作ってみましょう。

例) 남자 / 여자 ➡ 남자가 아니라 여자입니다. (男性ではなく女性です)

1) 아주머니 / 아저씨
(おばさん / ....) ....

2) 할아버지 / 할머니
(祖父 / ....) ....

3) 중국 / 한국
(中国 / ....) ....

4) 남편 / 아내
(.................. / 妻) ....

5) 아들 / 딸
(.................. / 娘) ....

名詞文のまとめ

	肯定文	否定文
平叙形	体言 + 입니다 (～です)	体言 + 가 / 이 아닙니다 (～ではありません)
疑問形	体言 + 입니까? (～ですか)	体言 + 가 / 이 아닙니까? (～ではありませんか)

☞ では、次の単語と表現をしっかり覚えた上で、次のページの会話文を聞いてみましょう。

☑ 単語と表現

- □ 아뇨 いいえ
- □ 친구 友達
- □ 직장인 [職場人、직짱인] つとめ人
- □ 직장 [직짱] 職場
- □ 다닙니다 [다님니다] 通っています・通います
- □ 아 ああ (感嘆詞)
- □ 그래요 そうですか
- □ 한국 사람 韓国人
- □ -의 [에] ～の (助詞)
- □ 회사 会社
- □ 일본 사람 日本人

会話　チューターの秀民さんが友達を紹介してくれました。

53

에미　① 수민 씨 친구도 학생입니까?

수민　② 아뇨, 학생**이 아닙니다**.

③ 직장인입니다.

에미　④ 직장인?

종국　⑤ 회사원입니다. 직장**에 다닙니다**.

에미　⑥ 아, 그래요.

종국　⑦ 이종국입니다. 반갑습니다.

에미　⑧ 정국? BTC의 정국입니까?

종국　⑨ 정국**이 아니라** 종국입니다.

恵美　① スミンさんのお友達も学生ですか。

秀民　② いいえ、学生ではありません。

③「チッチャンイン」です。

恵美　④「チッチャンイン」?

鍾国　⑤ 会社員です。職場に通っています。

恵美　⑥ ああ、そうですか。

鍾国　⑦ イ・ジョングクです。お会いできて嬉しいです。

恵美　⑧ ジョングク？ BTC のジョングクですか。

鍾国　⑨ ジョングクではなく종국です。

恵美の異文化体験！？②

「직장인（職場人）」って何？初めは「職人」のことかなと思ったんだけど、そうではなくて働く人のことを「직장인」というそうです。「회사원（会社員）」は事務職やホワイトカラーのイメージが強いみたい。

練習 2-3 単語（단어）を入れ替え、会話の練習をしましょう。

A :			B : 아뇨, ①	
	이 친구 도	① 대학생입니까?		가 / 이 아닙니다.
	이분(この方)	선생님		
	그분(その方)	회사원		
	저분(あの方)	의사		
	선생님의 남편	교사		

練習 2-4 〈　　〉の単語を入れ替え、会話の練習をしましょう。

1) 
선생님

2) 
의사

3) 
한국 사람

4) 
일본 사람

A : 〈선생님〉입니까?
B : 네,맞습니다. 〈선생님〉입니다.
C : 아뇨.〈선생님〉가/이 아닙니다.

練習 2-5 韓国語で言ってみましょう。

1) 私は高校生ではありません。 ....

2) 高校生ではなく大学生です。 ....

3) 姉も大学生です。 ....

4) 兄は職場に通っています。 ....

5) 先生は韓国人です。 ....

「합니다体」と「해요体」

「あいさつの言葉」で同じ意味の表現が二つずつあったのは、まさに「합니다体」と「해요体」があるからなのです。

합니다体と해요体は、日本語の「〜です」「〜ます」に当たる丁寧な文体のことで、それぞれ違う場面で用いられます。

합니다体

・最も丁寧な言い方、職場など公的な場で使われる。
・会社や軍隊などで目上の人に使う。講演や演説、ニュースなど。
・かしこまった言い方でやや硬い印象を与える。

해요体

・丁寧な言い方、日常生活やプライベートな話の場で使われる。
・目上の人やそれほど親しくない人などに広く用いられる。
・打ち解けた言い方でやわらかい印象を与える。

実際の会話では聞き手の年齢や社会的な地位、親密度などによって합니다体と해요体を混ぜて使います。합니다体と해요体は終結語尾に現れます(합니다体は第4課、해요体は第10課を参照)。韓国語の学習ではその語尾の形を覚えていくのが学習のポイントとなります。

では、「文字と発音編」で学んだ「あいさつの言葉」の합니다体と해요体を確認してみましょう。

	합니다体	해요体
① こんにちは。	안녕하십니까?	안녕하세요?
② (行く人に) さようなら。	안녕히 가십시오.	안녕히 가세요.
③ (残る人に) さようなら。	안녕히 계십시오.	안녕히 계세요.
④ またお会いしましょう。	또 만납시다.	또 만나요.
⑤ ありがとうございます。	감사합니다.	감사해요.
⑥ すみません。	미안합니다.	미안해요.
⑦ 違います・いいえ。	아닙니다.	아니에요.

家族　가족

할아버지（祖父）　할머니（祖母）　누나（姉←弟）　형（兄←弟）
아버지（父）　어머니（母）　언니（姉←妹）　오빠（兄←妹）
여동생（妹）　남동생（弟）　나（私）

参考：남편（夫）、아내（妻）、아들（息子）、딸（娘）

自分の家族の構成を書いてみましょう。

携帯の番号は何番ですか

学習目標：「いち、に、さん」の漢数詞と「～しています」の表現を学びます。

54

휴대폰 번호는 공구공 팔사오칠 삼사사칠입니다.	携帯の番号は 090-8457-3447 です。
지금 한국어를 공부하고 있습니다.	いま韓国語を勉強しています。

POINT 1 漢数詞

数詞には日本と同じように漢数詞（いち、に、さん）と固有数詞（ひとつ、ふたつ、みっつ）の２種類があります。まず漢数詞からです。

0	1	2	3	4	5	6	7	8	9	10
영 / 공	일	이	삼	사	오	육	칠	팔	구	십

☞「육（6)」の発音は、語頭では「육」ですが、母音・ㄹパッチムの後では「륙」、「ㄹ」以外のパッチムの後では「뉵」になります。　例）56[오륙], 86[팔륙], 16[심뉵]
電話番号では「0」は「공」といいます。

POINT 2 -고 있습니다 ～しています

動詞の語幹につけて現在の状況や進行を表す表現。疑問文は「-고 있습니까?」となります。「고」の後は一文字空けて書きます（分かち書き）。

語幹＋고 있습니다

原形	語幹
공부하다（勉強する）	공부하고 있습니다
먹다（食べる）	먹고 있습니다

POINT 3 -를 / 을 ～を

日本語の「～を」に当たる助詞。目的語を示す助詞なので韓国語では「타다（乗る)」「만나다（会う)」「좋아하다（好きだ)」などの動詞の前でも必ずこの「- 를 / 을」が用いられます。

母音体言＋를
子音体言＋을

버스를 타고 있습니다.
밥을 먹고 있습니다.

練習 3-1 電話番号（전화번호）をハングルで書いてみましょう。

例）090-2345-7890 ➡ 공구공 이삼사오 칠팔구공

1）090-8713-3456 ……………………

2）010-9014-8005 ……………………

3）내 전화번호 ……………………

練習 3-2 「目的語を動詞しています」という文を作ってみましょう。

例）비디오 / 보다 ➡ 비디오를 보고 있습니다.（ビデオを見ています）

1）과일 / 먹다
（果物 / ……………）……………………

2）친구 / 만나다
（…………… / 会う）……………………

3）커피 / 마시다
（…………… / 飲む）……………………

4）한국어 / 배우다
（…………… / 習う）……………………

5）전화 / 받다
（…………… / もらう）……………………

練習 3-3 漢数詞のハングルを書き入れてみましょう。

11	12	13	14	15	16	17	18	19	20
십일									
30	40	50	60	70	80	90	百	千	万
삼십							백	천	만

☞ 1000 は、「일천（一千）」と言わず「천（千）」といいます。また同様に 10000 は、「일만（一万）」とは言わず「만（万）」といいます。　例）1500 →천오백，　15000 →만 오천

☞ では、次の単語と表現をしっかり覚えた上で、次のページの会話文を聞いてみましょう。

☑ 単語と表現

□휴대폰［携帯 + phone］　携帯電話
□번호［버노］　番号
□몇 번［멷뻔］　何番
□전화［저놔］　電話
□무엇（= 뭐）　何
□지금　今
□일본어（= 일본말）　日本語
□교과서　教科書
□배우다　習う、学ぶ

会話　秀民に携帯の番号を聞かれた恵美は、汗を流しながら答えています。

55

수민　① 휴대폰 번호는 몇 번입니까?

에미　② 휴대폰? 아, 휴대전화.

（紙に書きながら）

③ **공구공 팔사오칠 삼사사칠**입니다.

（恵美が書いた番号を見て）

수민　④ **공구공 팔사오칠 삼사삼칠**이 아닙니까?

에미　⑤ 네, 맞아요. **삼사삼칠**입니다.

⑥ 저, 그것은 무엇입니까?

수민　⑦ 일본어 교과서입니다.

⑧ 지금 일본어를 배우고 있습니다.

秀民　①「ヒュデポン」の番号は何番ですか。

恵美　②「ヒュデポン」？　ああ、携帯電話ね。

（紙に書きながら）

③ 090-8457-3447 です。

（恵美が書いた番号を見て）

秀民　④ 090-8457-3437 ではありませんか。

恵美　⑤ はい、そうです。3437 です。

⑥ あの、それは何ですか。

秀民　⑦ 日本語の教科書です。

⑧ いま日本語を勉強しています。

恵美の異文化体験！？③

「**삼**」は、ちゃんと発音しないとまちがって伝わります。「**삼**」は唇をしっかり閉じるのがポイント。「**아홉**」も最後唇を閉じて。でないと「アホって何？」と言われちゃいます。

練習 3-4 単語（단어）を入れ替え、会話の練習をしましょう。

A：무엇을 배우고 있습니까？

B：한국말 / 한국어를 / 을 배우고 있습니다.
조선말 / 조선어
영어（英語）
중국어（中国語）
외국어（外国語）

■ まとめて覚えたい単語：가방（カバン）の中にあるもの ■

휴대폰 携帯電話	노트 ノート	연필 鉛筆	사전 辞書	볼펜 ボールペン
교과서 教科書	시디 CD	안경 めがね	펜 ペン	책 本

練習 3-5 次の質問に「 - 고 있습니다」を使って答えてみましょう。

1)

컴퓨터를 하다

2)
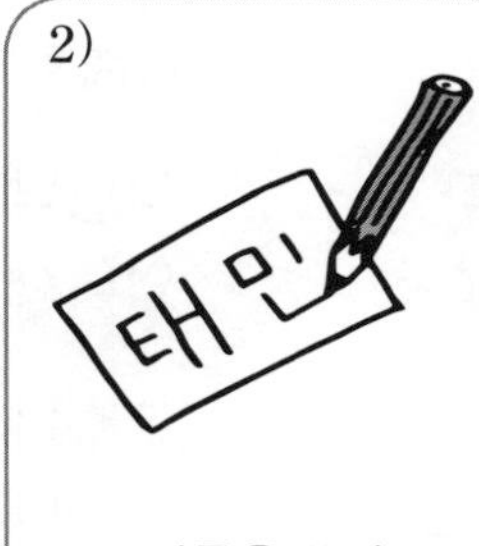

이름을 쓰다

3)

책을 읽다

4)

텔레비전을 보다

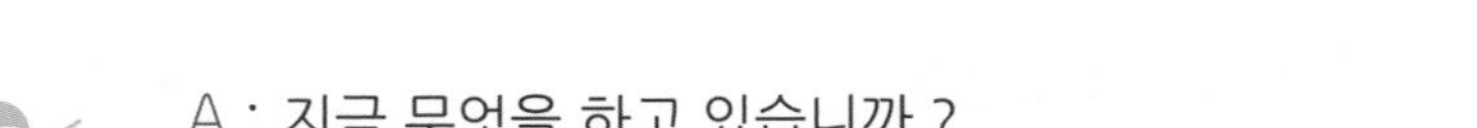
A：지금 무엇을 하고 있습니까？
B：

練習 3-6 韓国語で言ってみましょう。

1) 携帯の番号は何番ですか。 ....

2) それは何ですか。 ....

3) 韓国語の教科書です。 ....

4) 日本語の教科書ではありません。 ....

5) 私は韓国語を勉強しています。 ....

제 4 과 私の辞書は家にあります

学習目標：합니다体の終結語尾と存在詞について学びます。

56

이 사전은 제 친구 것입니다.	この辞書は私の友達のものです。
제 사전은 여기에 없습니다.	私の辞書はここにありません。
집에 있습니다.	家にあります。

POINT 1 -ㅂ니까?/ 습니까? -ㅂ니다 / 습니다　～ます（か）/～です（か）

用言の語幹につけて丁寧な意を表す、합니다体の終結語尾。主に職場など公的な場で使われる、ややかしこまった言い方です。

	原形	疑問形	平叙形
母音語幹（パッチム無）＋ㅂ니까？ ＋ㅂ니다	다니다（通う）	다닙니까?	다닙니다
	이다（～だ）	입니까?	입니다
子音語幹（パッチム有）＋습니까？ ＋습니다	좋다（よい）	좋습니까?	좋습니다
	먹다（食べる）	먹습니까?	먹습니다

POINT 2 存在詞の「있다」と「없다」

「있다」と「없다」は、存在の有無を表すことばで「存在詞」といいます。韓国語では「ある」「いる」を区別せず、どちらも「있다」を使います。また「ない」「いない」は「없다」です。

있다（ある・いる） **없다**（ない・いない）

동생은 있습니까?
개는 없습니다.
사전은 집에 있습니다.

POINT 3 －에 ②（助詞）　～に（存在・位置）

ここでは場所や位置を表す名詞につけて人や物の存在・位置を表す用法を学びます。ただし、場所代名詞の「여기, 거기, 저기, 어디」の後での「에」はしばしば省略されます。

体言＋에

어디에도 길은 없습니다.
교실에 비디오도 있습니까?
제 차는 어디(에) 있습니까?

練習 4-1 합니다体の疑問形と平叙形に活用してみましょう。

例）배우다（習う） ➡ 배웁니까?（習いますか？） 배웁니다（習います）

1）공부하다（勉強する） ……………… ………………

2）안 되다（だめだ） ……………… ………………

3）모르다（知らない、分からない） ……………… ………………

4）덥다（暑い） ……………… ………………

5）가깝다（近い） ……………… ………………

練習 4-2 適切な助詞をつけて「AはBにあります／ありません」の文にしてみましょう。

例）사전 / 학교 / 있다 ➡ 사전은 학교에 있습니다.（辞書は学校にあります）

1）제 차 / 집 앞 / 없다
（私の車 /家の前 / ……………… ） ………………

2）병원 / 호텔 옆 / 있다
（病院 / ホテルの隣 / ……………… ） ………………

3）우체국 / 여기 / 없다
（郵便局 / ……………… / ない） ………………

4）식당 / 학교 안 / 있다
（食堂 / ……………… の中 / ある） ………………

5）화장실 / 뒤 / 있다
（ ……………… / 後ろ / ある） ………………

もっと知りたい！

用言　：動詞・形容詞・存在詞・指定詞を用言といいます。用言は活用します。
用言の原形はすべて「-다」で終わります。　例）가다, 바쁘다, 먹다, 있다
（用言の原形の「- 다」の部分を語尾といい、「- 다」を取り除いて残った部分を語幹といいます）
母音語幹　：語幹の最終音節が母音で終わるもの。　例）가다, 바쁘다
子音語幹　：語幹の最終音節が子音で終わるもの。　例）먹다, 좋다

では、次の単語と表現をしっかり覚えた上で、次のページの会話文を聞いてみましょう。

単語と表現

□공부하다　勉強する	□우리　私たち	□2 학년 [學年、항년]　2 年生
□그래요　そうですか	□사전　辞典、辞書	□누구　誰
□집　家	□- 것(거)　もの	□얼마　いくら

57

会　話　まだ自己紹介が終わっていないようです。

수민　① 저는 일본어를 공부합니다.

② 2학년입니다.

종국　③ 우리는 일본말을 배우고 있습니다.

에미　④ 아, 그래요.

수민　⑤ 이 사전은 누구 것입니까?

에미　⑥ 친구 것입니다. 제 사전은 집에 있습니다.

⑦ 그 사전은 얼마입니까?

수민　⑧ 35,000원입니다.

「- ㅂ니다 / 습니다」は文脈によっては「〜しています」という継続の意味にもなります。

秀民　① 私は日本語を勉強しています。

② 2 年生です。

鍾国　③ 私たちは日本語を習っています。

恵美　④ へえ、そうなんですか。

秀民　⑤ この辞書は誰のものですか。

恵美　⑥ 友達のものです。私の辞書は家にあります。

⑦ その辞書はいくらですか。

秀民　⑧ 35,000 ウォンです。

恵美の異文化体験！？④

韓国では外国語ができないと就職が難しいんですって。語学学校（학원）に毎日のように通って熱心に勉強する人をよく見かけました。海外に短期留学する人も少なくないみたいです。みんな必死です。

練習 4-3 単語（단어）を入れ替え、会話の練習をしましょう。

A：	선생님 책는 / 은 어디에 있습니까?	B：	책상 위에 있습니다.
	제 사전		책상 아래
	한국어 노트		가방 안
	영어 교과서		방 안

의の省略①：前後関係から所有・所属の関係性がはっきりしていたり、位置名詞の前にくるときは「의」が省略され、一文字空けて書きます（分かち書き）。

例）× 한국어의 노트　○ 한국어 노트 / × 책상의 위　○ 책상 위

練習 4-4 絵を見て会話の練習をしましょう。

위 上	아래 下	앞 前	뒤 後ろ	옆 横・隣	안・속 中
은행 銀行	우체국 郵便局	식당 食堂	병원 病院	화장실 トイレ	차 車

A： 병원은/는 어디 있습니까?
B： 식당 위에 있습니다.

練習 4-5 韓国語で言ってみましょう。

1）私は 1 年生です。 ……………………

2）韓国語を習っています。 ……………………

3）私の辞書は家にあります。 ……………………

4）韓国語の教科書はいくらですか。 ……………………

5）2300 円です。 ……………………

私の部屋　나의 방

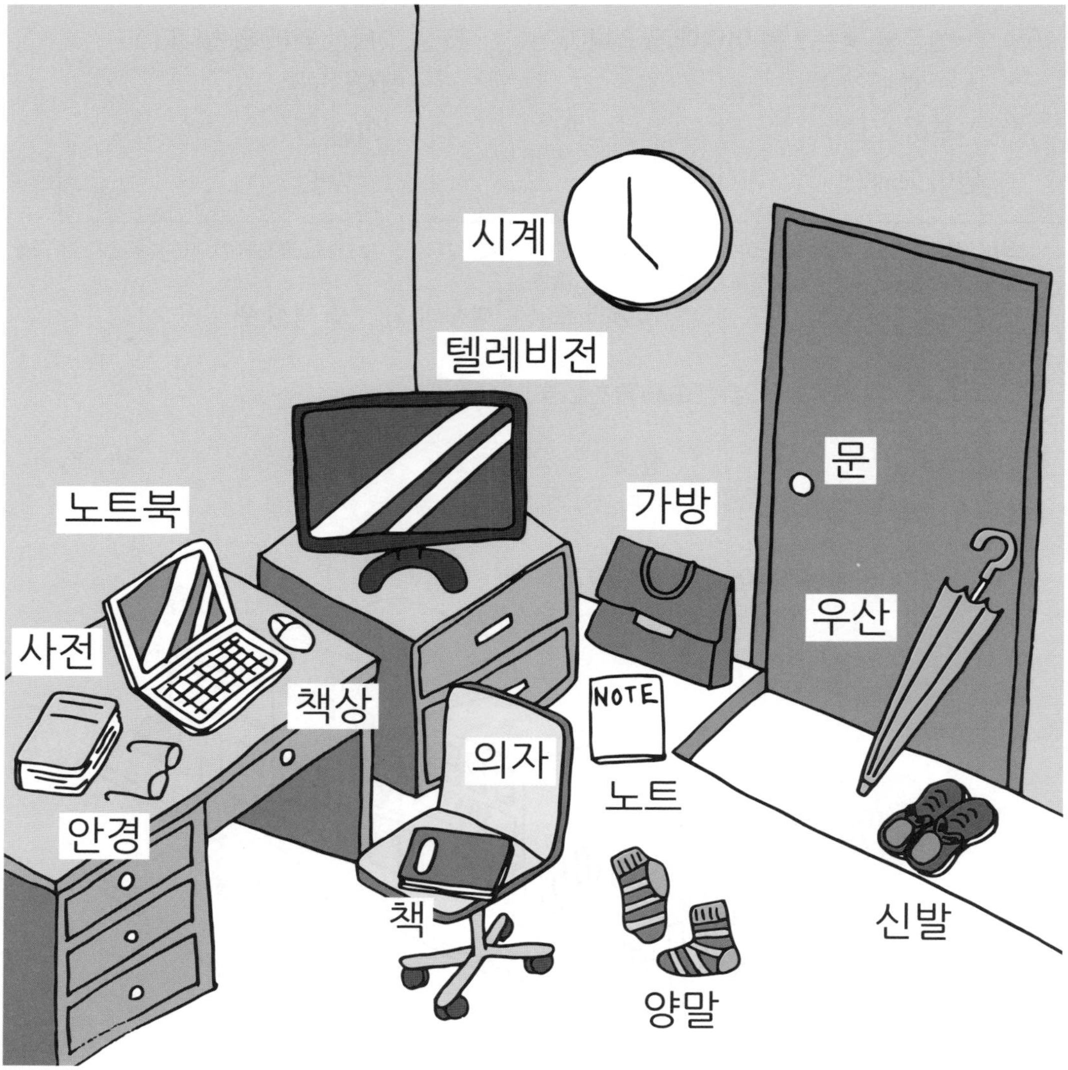

시계
텔레비전
문
노트북
가방
우산
사전
책상
의자
노트
안경
책
신발
양말

上の絵のなかで「자기 방（自分の部屋）」にあるものを書いてみましょう。

생일 축하

당신은 누구십니까

제 5 과 誕生日はいつですか

学習目標：年月日の言い方を学びます。

58

제 생일은 6월 6일입니다.	私の誕生日は６月６日です。
이번 주 토요일입니다.	今週の土曜日です。
친구가 옵니다.	友達が来ます。

POINT 1 年月日

年は「년」、月は「월」、日は「일」といいます。６月と 10 月は漢数詞の読み方とは違うので注意して下さい。なお、「何月」は몇 월〔며둴〕、「何日」は며칠と言います。

2025 年 6 月 6 日 ➡ 이천이십오년 유월 육일

1月	2月	3月	4月	5月	6月
일월	이월	삼월	사월	오월	유월 *
7月	8月	9月	10月	11月	12月
칠월	팔월	구월	시월 *	십일월	십이월

☞ *6月：× 육월 ○ 유월　　*10月：× 십월 ○ 시월

POINT 2 -가 / 이　～が

日本語の「～が」に当たる助詞。ただし「私が」の場合は「나가, 저가」ではなく「내가, 제가」に変化します。

母音体言＋가
子音体言＋이

친구가 옵니다. 제가 나갑니다.
여동생이 곧 갑니다.

POINT 3 助詞の縮約形

이것은 → 이건 これは	그것은 → 그건 それは	저것은 → 저건 あれは
이것이 → 이게 これが	그것이 → 그게 それが	저것이 → 저게 あれが
저는 → 전 わたくしは	나는 → 난 わたしは	무엇 → 뭐 何
저의 → 제 わたくしの	나의 → 내 わたしの	무엇을 → 뭘 何を

練習 5-1 次の年月日をハングルで書いてみましょう。

例）2019 年 12 月 25 日 ➡ 이천십구년 십이월 이십오일

1) 1948 年 4 月 3 日 ……………………

2) 1960 年 4 月 19 日 ……………………

3) 1980 年 5 月 18 日 ……………………

4) 2000 年 6 月 15 日 ……………………

5) 내 생일 ……………………

練習 5-2 「名詞が用言です／ます」という文を作ってみましょう。

例）소리 / 나다 ➡ 소리가 납니다.（声がします）

1) 비 / 내리다
（………… / 降る） ……………………

2) 날씨 / 좋다
（お天気 / …………） ……………………

3) 키 / 작다
（背 / …………） ……………………

4) 나이 / 많다
（歳 / …………） ……………………

5) 기분 / 나쁘다
（………… / 悪い） ……………………

요일（曜日）

月曜日	火曜日	水曜日	木曜日	金曜日	土曜日	日曜日
월요일	화요일	수요일	목요일	금요일	토요일	일요일

☞ では、次の単語と表現をしっかり覚えた上で、次のページの会話文を聞いてみましょう。

単語と表現

- □몇 년생 [면년생] 何年生まれ
- □이번 주 [-쭈] 今週
- □다음 주 [-쭈] 来週
- □축하하다 [祝賀、추카-] おめでとう
- □같다 [갇따] 同じだ
- □언제 いつ
- □-네요 ～ですね
- □영화 映画
- □생일 [生日] 誕生日
- □정말 本当(に)
- □무슨 요일 何曜日
- □보다 見る、受ける

会話 秀民にいきなり歳を聞かれた恵美は、ソウルに来ているのを実感しています。

59

수민 ① 에미 씨는 몇 년생입니까?

에미 ② 몇 년생?

수민 ③ 전 **2003**년생입니다.

에미 ④ 저도 같습니다. **2003**년생.

수민 ⑤ 그래요? 생일**이** 언제입니까?

에미 ⑥ 이번 주 토요일입니다.

수민 ⑦ 정말? 축하합니다.

⑧ 제 생일은 4월 19일입니다.

에미 ⑨ 그럼, 수민 씨**가** 오빠네요.

秀民 ① 恵美さんは「ミョンニョンセン」ですか。

恵美 ②「ミョンニョンセン」？

秀民 ③ 私は2003年生まれです。

恵美 ④ 私も同じです。2003年生まれ。

秀民 ⑤ そうですか。誕生日はいつですか。

恵美 ⑥ 今週土曜日です。

秀民 ⑦ 本当？おめでとうございます。

⑧ 私の誕生日は4月19日です。

恵美 ⑨ じゃ、スミンさんがお兄さんですね。

恵美の異文化体験！？⑤

韓国ではいきなり歳を聞かれてびっくり。後で分かったことだけど、相手の年齢によって言葉使いを変えないと失礼になるからですって。１歳でも年上の人なら오빠（형）、언니（누나）と呼ぶのが普通ですって。

練習 5-3 ペアで会話の練習をしましょう。

1) 오늘은 몇 월 며칠입니까?
[며칠]

2) 몇 년생입니까?

3) 생일이 언제입니까?

☞「-가 / 이」が疑問詞と一緒に使われる場合、「～は」と訳します。

練習 5-4 カレンダーを見て次の質問に答えてみましょう。

월月	화火	수水	목木	금金	토土	일日
		1	2	3	4	5
6	7 ○ 오늘	8	9	10	11 ★ 생일	12
13	14	15	16 ☆ 영화	17	18	19
20	21 ★ 시험	22	23	24	25	26
27	28	29				

1) 15 일은 무슨 요일입니까?

2) 생일은 언제입니까?

3) 영화(映画) 는 언제 봅니까?

4) 시험(試験) 은 언제 봅니까?

☞ 시험을 보다「試験を受ける」

練習 5-5 韓国語で言ってみましょう。

1) 試験はいつですか。 ……………………………

2) 今週の水曜日です。 ……………………………

3) 土曜日が私の誕生日です。 ……………………………

4) 誕生日、おめでとうございます。 ……………………………

제 6 과 私より２歳年下です

学習目標：固有数詞と用言の否定形を学びます。

60

여동생은 열여덟 살입니다.	妹は 18 歳です。
저보다 두 살 아래입니다.	私より２歳年下です。
축구는 좋아하지 않습니다.	サッカーは好きではありません。

POINT 1 固有数詞

韓国語の固有数詞は１から 99 までありますが、ここでは 20 まで習います。

1	2	3	4	5	6
하나 (한)	둘 (두)	셋 (세)	넷 (네)	다섯	여섯
7	**8**	**9**	**10**	**20**	
일곱	여덟 [여덜]	아홉	열	스물 (스무)	

☞ 固有数詞の後ろに**살**（歳）〔**개**（個）、**시**（時）〕などの助数詞がつくと、「**하나**」「**둘**」「**셋**」「**넷**」は、それぞれ「**한 살**」「**두 살**」「**세 살**」「**네 살**」と変化します。また「**스물**」は「**스무 살**」になります。

POINT 2 －지 않습니다 ～しません・～くありません 用言の否定形①

動詞や形容詞を否定するときに用いられる語尾。

語幹＋지 않습니다

가다（行く） → 가지 않습니다
바쁘다（忙しい） → 바쁘지 않습니다
공부하다（勉強する） → 공부하지 않습니다

POINT 3 －보다（助詞） ～より

比較するときの「～より」という意味の助詞。

体言＋보다

제가 남동생보다 3살 위입니다.
이게 그거보다 좋습니다.
수요일보다 목요일이 바쁩니다.

練習 6-1 例のように書いてみましょう。

例）여동생 / 15 살 ➡ 여동생은 열다섯 살입니다.（妹は 15 才です）

1）나 / 20 살 ……………………

2）제 친구 / 21 살 ……………………

3）남동생 / 18 살 ……………………

練習 6-2 適切な助詞（- 는 / 은）をつけて「否定形」の文を作ってみましょう。

例）저 산 / 높다 ➡ 저 산은 높지 않습니다.（あの山は高くありません）

1）우리 집 / 멀다
（…………… / 遠い） ……………………

2）다리 / 길다
（…………… / 長い） ……………………

3）쇠고기 / 싫어하다
（…………… / 嫌いだ） ……………………

4）한국말 / 어렵다
（…………… / 難しい） ……………………

5）외국어 / 쉽다
（…………… / 簡単だ） ……………………

합니다体のまとめ

原形	平叙形 (-ㅂ니다 / 습니다)	疑問形 (-ㅂ니까?/ 습니까?)	否定形 (-지 않습니다)
母音語幹　가다 行く	갑니다	갑니까?	가지 않습니다
子音語幹　좋다 良い	좋습니다	좋습니까?	좋지 않습니다

☞ では、次の単語と表現をしっかり覚えた上で、次のページの会話文を聞いてみましょう。

単語と表現

□몇 살 [면쌀] 何歳
□고등학교 [高等學校、-학꾜] 高校
□축구 [蹴球、축꾸] サッカー
□야구 野球
□아래 下（위 上）
□학년 [學年、항년] ～年生
□좋아하다 [조아하다] 好きだ
□농구 バスケットボール
□아뇨 いいえ
□하지만 しかし
□음악 音楽
□스포츠 スポーツ

61

会話　恵美が秀民の妹について尋ねています。

에미　① 수민 씨 여동생은 몇 살입니까?

수민　② **열여덟** 살입니다.

③ 저보**다 두** 살 아래입니다.

에미　④ 그럼, 대학교 1학년입니까?

수민　⑤ 아뇨, 고등학교 3학년입니다.

에미　⑥ 그래요?

⑦ 여동생도 축구를 좋아합니까?

수민　⑧ 축구는 좋아하**지 않습니다**.

⑨ 하지만 농구는 좋아합니다.

恵美　① スミンさんの妹はおいくつですか。

秀民　② 18歳です。

③ 私より2歳年下です。

恵美　④ では、大学1年生ですか。

秀民　⑤ いいえ、高校3年生です。

恵美　⑥ そうなんですか？

⑦ 妹さんもサッカーが好きですか。

秀民　⑧ サッカーは好きではありません。

⑨ しかしバスケットボールは好きです。

恵美の異文化体験!?⑥

韓国に行くと一歳年が多くなってしまうので損した気分。タイムマシンがあるからではありません。韓国では数え年を使うからです。また誕生日を境に年がかわるのではなく、お正月に「떡국（お雑煮）」を食べて年を取ると言われています。

練習 6-3 単語（단어）を入れ替え、会話の練習をしましょう。

A： ①축구를 / 을 좋아합니까?
B： 아뇨， ①축구보다 야구를 / 을 더 좋아합니다.
음악 스포츠
영화 요리

練習 6-4 それぞれ何歳なのか音声を聞き取りましょう。 62

1) 에미 (   ) 살

2) 에미 여동생 (   ) 살

3) 에미 친구 (   ) 살

練習 6-5 例のように「하지만（しかし）」を使って言ってみましょう。

例） 불고기 / 비싸다 / 비빔밥
➡ 불고기는 비쌉니다. 하지만 비빔밥은 비싸지 않습니다.

1) 월요일 / 바쁘다 / 화요일
➡

2) 외국어 / 어렵다 / 한국어
➡

3) 기분 / 좋다 / 몸
➡

4) 역 / 가깝다 / 학교
➡

練習 6-6 韓国語で言ってみましょう。

1) おいくつですか。 ....

2) 私は弟より 3 歳年上（위）です。 ....

3) 趣味（취미）は何ですか。 ....

4) 私はサッカーが好きです。 ....

5) 弟は野球が好きではありません。 ....

自己紹介　自己紹介をしてみましょう。

이름　名前	기타지마 마야	리커신	
국적　国籍	일본 사람	중국 사람	
직업　職業	학생	회사원	
나이　歳	열아홉	스물하나	
생일　誕生日	10 월 15 일	12 월 26 일	
가족　家族	네 명	다섯 명	
学んでいる外国語	한국어	일본어	
好きなこと	한국 노래	일본 음악	

チャレンジ！　次の文章を読んでみましょう。

안녕하세요? 저는 기타지마 마야입니다. 일본 사람입니다. 직장인이 아니라 대학생입니다. 나이는 열아홉이고, 생일은 10월 15일입니다.

우리 가족은 어머니, 아버지, 여동생, 저, 네 명입니다. 여동생은 저보다 세 살 아래입니다. 어머니는 의사이고, 아버지는 회사원입니다. 언니도 오빠도 없습니다.

저는 대학에서 한국어를 공부하고 있습니다. 우리 선생님은 한국 사람입니다. 한국어는 영어보다 어렵지 않습니다. 저는 한국 노래를 좋아합니다. 그리고 야구도 좋아합니다. 하지만 축구는 좋아하지 않습니다.

朝鮮半島の地図

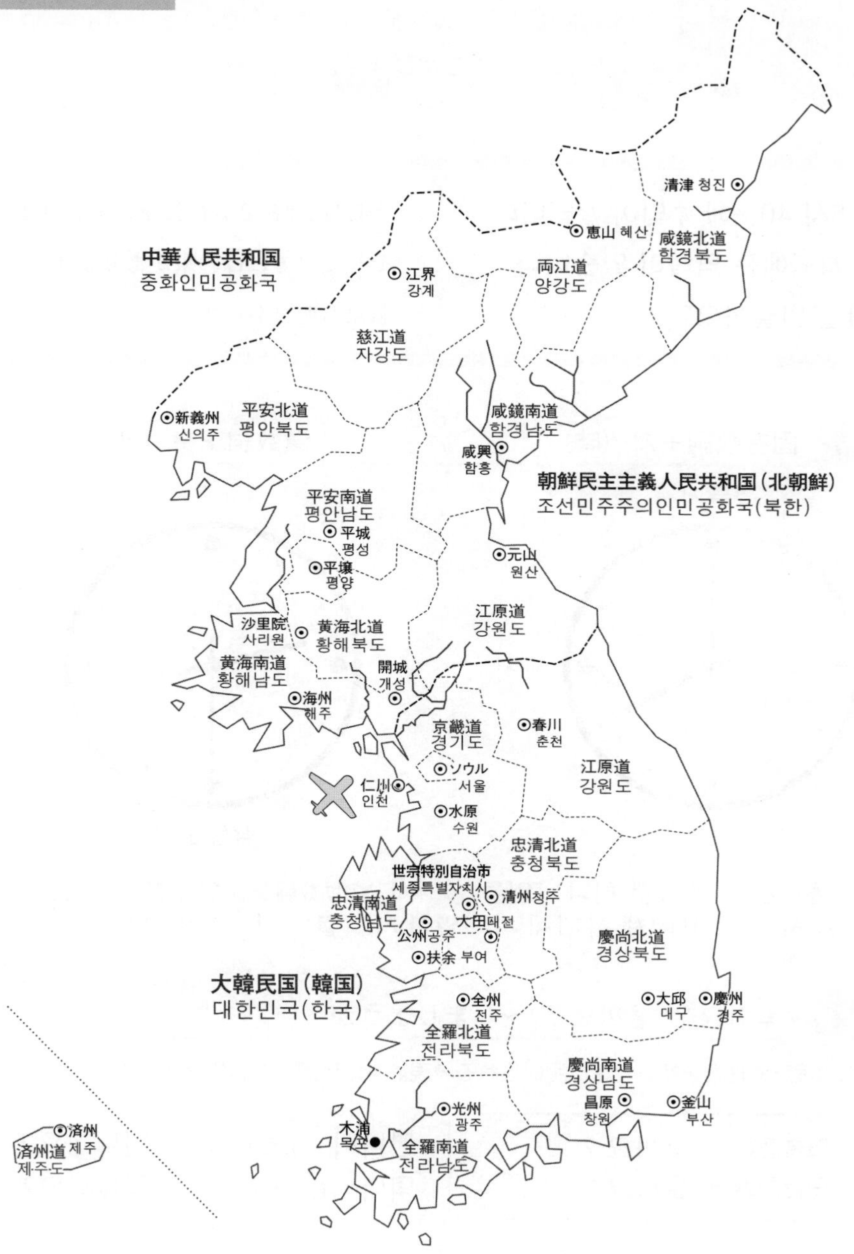

清津 청진
恵山 혜산
咸鏡北道
함경북도
中華人民共和国
중화인민공화국
江界
강계
両江道
양강도
慈江道
자강도
新義州
신의주
平安北道
평안북도
咸鏡南道
함경남도
咸興
함흥
朝鮮民主主義人民共和国（北朝鮮）
조선민주주의인민공화국(북한)
平安南道
평안남도
平城
평성
平壌
평양
元山
원산
沙里院
사리원
黄海北道
황해북도
江原道
강원도
黄海南道
황해남도
開城
개성
海州
해주
京畿道
경기도
春川
춘천
ソウル
서울
江原道
강원도
仁川
인천
水原
수원
忠清北道
충청북도
世宗特別自治市
세종특별자치시
清州 청주
忠清南道
충청남도
大田 대전
公州 공주
慶尚北道
경상북도
扶余 부여
大韓民国（韓国）
대한민국(한국)
全州
전주
大邱
대구
慶州
경주
全羅北道
전라북도
慶尚南道
경상남도
昌原
창원
釜山
부산
光州
광주
済州
제주
済州道
제주도
木浦
목포
全羅南道
전라남도

行ったことがあるところや行きたいところを書いてみましょう。

제 7 과 授業は何時に終わりますか

学習目標：「～時～分」の言い方と、「～しましょうか」の表現を学びます。

63

오늘은 5시 40분에 수업이 끝납니다.	今日は5時40分に授業が終わります。
그리고 저녁에는 약속이 있습니다.	そして夕方には約束があります。
우리 내일 만날까요?	私たち明日会いましょうか。

POINT 1 固有数詞＋시（時）　漢数詞＋분（分）

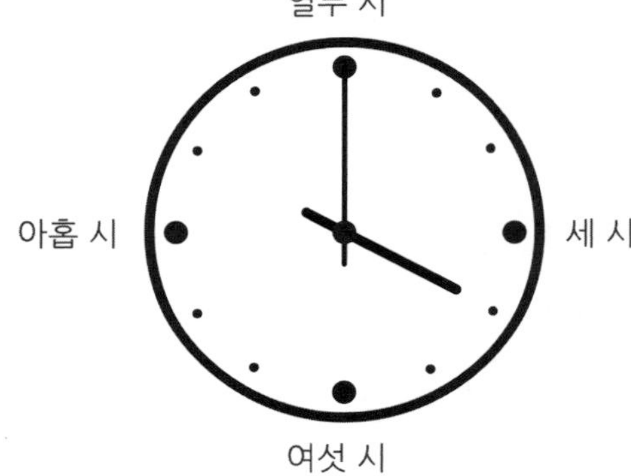

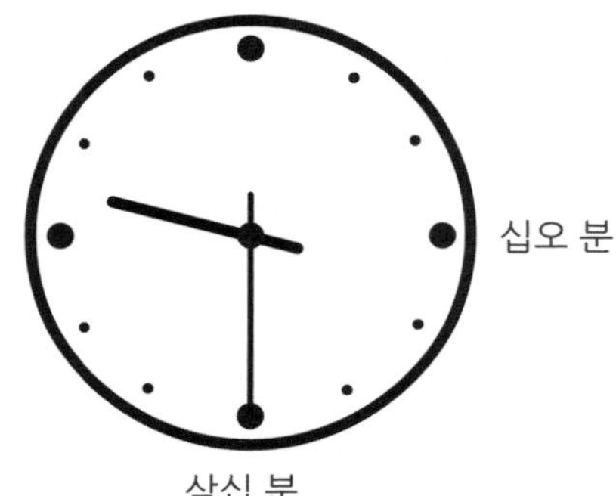

☞「하나」「둘」「셋」「넷」「열 하나」「열둘」に「시」の助数詞がつくと、第6課で習ったようにそれぞれ「한 시」「두 시」「세 시」「네 시」「열한 시」「열두 시」に変化する。

POINT 2 - ㄹ까요？/ 을까요？ ～しましょうか

相手の意志の確認や提案をするときに用いられる表現。常に疑問文として使われます。

母音語幹 ＋ ㄹ까요？ 子音語幹 ＋ 을까요？	만나다（会う） → 만날까요? 먹다（食べる） → 먹을까요?

POINT 3 - 에③（助詞）～に（時）

ここでは日時や曜日などの体言の後につけて時(とき)を表す用法を学びます。ただし어제（昨日)、오늘（今日)、내일（明日)、모레（あさって）には「에」が必要ありません。

体言＋ 에	오늘 수업은 몇 시에 끝납니까? 내일 낮에 친구가 옵니다.

練習 7-1 時刻をハングルで書いてみましょう。

例）1時10分 ➡ 한 시 십 분입니다.

1） 朝（아침）7時15分 ....

2） 午前（오전）10時半（반） ....

3） 1時 5分前（전） ....

4） 午後（오후）3時 30分 ....

5） 夕方（저녁）6時 ....

6） 夜（밤）11時 ....

☞ 助数詞は分かち書きをします。

練習 7-2 適切な助詞をつけて「動詞しましょうか」という文を作ってみましょう。

例）택시 / 타다 ➡ 택시를 탈까요?（タクシーに乗りましょうか？）

1）문 / 닫다
（.......... / 閉める） ....

2）이 양말 / 신다
（.......... / 履く） ....

3）이 우산 / 쓰다
（.......... / さす） ....

4）자리 / 앉다
（席 / .... ） ....

5）차 / 마시다
（.......... / 飲む） ....

6）돈 / 내다
（.......... / 出す） ....

☞ では、次の単語と表現をしっかり覚えた上で、次のページの会話文を聞いてみましょう。

☑ 単語と表現

□지금 今	□몇 시 [면씨] 何時	□무슨 일 [-닐] 何か用
□수업 授業	□빨리 早く	□가세요 行ってください
□끝나다 [끈나다] 終わる	□저녁밥 [-빱] 夕食	□같이 [가치] 一緒に
□좀 少し、ちょっと	□내일 [来日] 明日	□어때요? どうですか

64

会話　韓国語の授業に行く途中、図書館の前でばったりと秀民に会いました。

에미　① 수민 씨, 지금 몇 시입니까?

수민　② **4시 9분**. 무슨 일이 있습니까?

에미　③ **4시 10분에** 수업이 있습니다.

수민　④ 빨리 가세요.

⑤ 수업은 몇 시**에** 끝납니까?

에미　⑥ **5시 40분에** 끝납니다.

수민　⑦ 그럼, 저녁밥을 같이 **먹을까요?**

에미　⑧ 오늘은 좀…, 내일은 어때요?

恵美　①スミンさん、今何時ですか。

秀民　②4時9分。何かあるんですか。

恵美　③4時10分に授業があるんです。

秀民　④早く行ってください。

⑤授業は何時に終わりますか。

恵美　⑥5時40分に終わります。

秀民　⑦では、夕食を一緒に食べましょうか。

恵美　⑧今日はちょっと…、明日はどうですか。

恵美の異文化体験!?⑦

韓国では先輩や目上の人にご馳走になることがよくありました。割り勘のつもりで私が自分の分だけでも出そうとすると悲しそうな顔をされるので、最初はどうしたらいいのか戸惑いました。ご馳走をしたりしてもらったりすることでお互いが身近な関係になるんですね。人に頼ったり頼られたりする楽しみを覚えました。

練習 7-3 単語（단어）を入れ替え、会話の練習をしましょう。

A： 저녁(밥) 은 뭘 먹을까요？
점심(밥)
아침(밥)

B： 냉면는／은 어때요？
불고기
비빔밥
과일 주스

■ まとめて覚えたい単語：台所にあるもの ■

닭고기 鶏肉	빵 パン	우유 牛乳	과일 果物	사과 りんご
소고기 牛肉	설탕 砂糖	소금 塩	고추 唐辛子	물 水

練習 7-4 次の質問に答えてみましょう。

일어나다 起きる　오다 来る　시작하다 始まる　집 家

1) 아침 몇 시에 일어납니까?

2) 내일 몇 시에 학교에 옵니까?

3) 한국어 수업은 몇 시에 시작합니까?

4) 한국어 수업은 몇 시에 끝납니까?

5) 오늘은 몇 시에 집에 갑니까?

練習 7-5 韓国語で言ってみましょう。

1) 何かあるんですか。 ....

2) 午後に授業があります。 ....

3) 明日は授業がありません。 ....

4) 昼食を一緒に食べましょうか。 ....

5) 冷麺はどうですか。 ....

제 8 과 日本語学校には行かないのですか

学習目標：用言の否定形と、意志や推量を表す表現を学びます。

65

일본어 학원에는 안 갑니다.	日本語学校には行きません。
오늘부터 목요일까지 수업이 없습니다.	今日から木曜まで授業がありません。
저녁은 제가 사겠습니다.	夕食は私がご馳走します。

POINT 1 안 갑니까？ 行かないのですか 用言の否定形②

用言の前に「안」を置くだけの、主に会話に用いられる否定の表現（前置否定形）。 ただし「名詞＋하다」で動詞となる場合、名詞と하다との間に「안」を入れます。

안 + 用言

싸다 (安い) → 안 쌉니다 (＝싸지 않습니다)
먹다 (食べる) → 안 먹습니까? (＝먹지 않습니까?)
공부하다 (勉強する) → 공부 안 합니다 (＝공부하지 않습니다)

☞ 第 6 課で学んだ「- **지 않습니다**」は書き言葉的な表現（後置否定形）。

POINT 2 - 겠습니다 ～します、～つもりです

意志や推量などを表す補助語幹。ここでは話し手の意志や控えめな気持ちをしめす用法を学びます。

語幹 ＋ 겠 ＋ 語尾

잊다 (忘れる) → 잊지 않겠습니다
울다 (泣く) → 안 울겠습니다
알다 (分かる、知る) → 알겠습니다 (控えめ)

POINT 3 - 부터 - 까지 ～から（時間の起点）～まで（に） （助詞）

「- 부터」は、時間の起点を表すときだけに限って用いられる助詞。また「- 까지」は、終了の時点・地点・限度などを表します。

体言 ＋ 부터
体言 ＋ 까지

오늘부터 목요일까지 수업이 없습니다.
네 시부터 다섯 시 반까지 수업이 있습니다.
다음 주부터 시험을 봅니다.

練習 8-1 次の用言を否定形にしてみましょう。

例）작다（小さい） ➡ ① 안 작습니다 ② 작지 않습니다

1）짧다（短い） ① ②

2）춥다（寒い） ① ②

3）벗다（脱ぐ） ① ②

4）낮다（低い） ① ②

5）차다（冷たい） ① ②

6）생각하다（考える） ① ②

練習 8-2 次の文の用言を活用させて「意志」を表す文に直してみましょう。

例）저녁은 제가 사다 ➡ 저녁은 제가 사겠습니다.（夕食は私がご馳走します）

1）오늘은 컴퓨터를 안 하다
（今日はパソコンをしない）

2）내일부터 운동하다
（明日から運動する）

3）이번 주까지 숙제를 내다
（今週までに宿題を出す）

4）다음부터 앞에 앉다
（次から前の方に座る）

5）저녁까지 기다리다
（夕方まで待つ）

では、次の単語と表現をしっかり覚えた上で、次のページの会話文を聞いてみましょう。

単語と表現

□늦어서 遅れて（늦다 遅れる）
□아니 いや、いいえ
□저녁 夕食、夕方
□음 うん、う～む
□미안하다 すまない
□괜찮다 [괜찬타] 構わない
□뭘 何を（무엇을の縮約形）
□사다 買う、おごる
□학원 [學院] 塾、学校
□드시다 召し上がる
□냉면 冷麺
□다음 달 [-딸] 来月

66 ♪

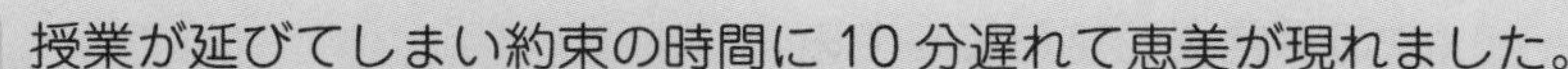

会話 授業が延びてしまい約束の時間に10分遅れて恵美が現れました。

에미 ① 늦어서 미안합니다.

수민 ② 아니, 괜찮습니다. 갈까요?

에미 ③ 일본어 학원에는 **안** 갑니까?

수민 ④ 네, 오늘은 **안** 갑니다.

⑤ 오늘**부터** 목요일**까지** 수업이 없습니다.

⑥ 저녁은 뭘 드시**겠**습니까?

에미 ⑦ 음…, 냉면을 먹을까요?

수민 ⑧ 오늘은 제가 사**겠**습니다.

恵美 ① 遅れてすみません。

秀民 ② いや、構いません。行きましょうか。

恵美 ③ 日本語学校には行かないのですか。

秀民 ④ ええ、今日は行きません。

⑤ 今日から木曜日まで授業がありません。

⑥ 夕飯は何を食べますか。

恵美 ⑦ う～む… 冷麺を食べましょうか。

秀民 ⑧ 今日は私がご馳走します。

恵美の異文化体験!?⑧

「코리안 타임」(コリアンタイム)という言葉があるけど、約束時間通りに友達が来なくてもみんなあまりイライラしたりしないみたい。30分や1時間待たされる場合もあるそうです。みんな携帯を持って気楽に待っている様子。それにしてもイライラしないのは不思議。待つ時間も楽しんでいるのかな。

練習 8-3　単語（단어）を入れ替え、会話の練習をしましょう。

A：		B：		
오늘는/은 수업이 없습니까?		오늘부터	목요일까지 수업이 없습니다.	
내일		내일	토요일	
이번 주		이번 주	다음 주	
이번 달		이번 달	다음 달	

■ まとめて覚えたい単語：時 ■

이번 주 今週	다음 주 来週	지난주 先週	어제 昨日	오늘 今日
이번 달 今月	다음 달 来月	지난달 先月	내일 明日	모레 あさって

練習 8-4　疑問文と否定文を作り、会話の練習をしましょう。

（否定文の場合、動詞は前置否定形、形容詞は後置否定形にしてください。）

1)

버스를 타다

2)
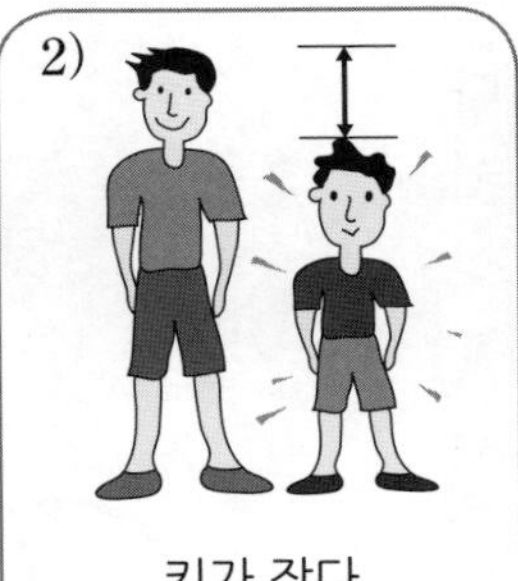
키가 작다

3)

비가 오다

4)

치마가 짧다

A：버스를 탑니까?
B：아뇨, 버스는 안 탑니다.

A：키가 작습니까?
B：아뇨, 키는 작지 않습니다.

練習 8-5　韓国語で言ってみましょう。

1) 今日は学校に行かないのですか。 ……………………

2) 水曜日まで授業がありません。 ……………………

3) 来週は時間がありません。 ……………………

4) 明日は遅れません。
（「겠」を用いて） ……………………

5) 来週から勉強します。
（「겠」を用いて） ……………………

日課　絵を見て「一日の行動」を言ってみましょう。

① 일어나다（起きる） → 일곱 시에 일어납니다.

② 집을 나오다（家を出る）→

③ 전철을 타다（電車に乗る） →

④ 수업이 시작되다（授業が始まる）→

⑤ 수업이 끝나다（授業が終わる）→

⑥ 점심을 먹다（昼ご飯を食べる）→

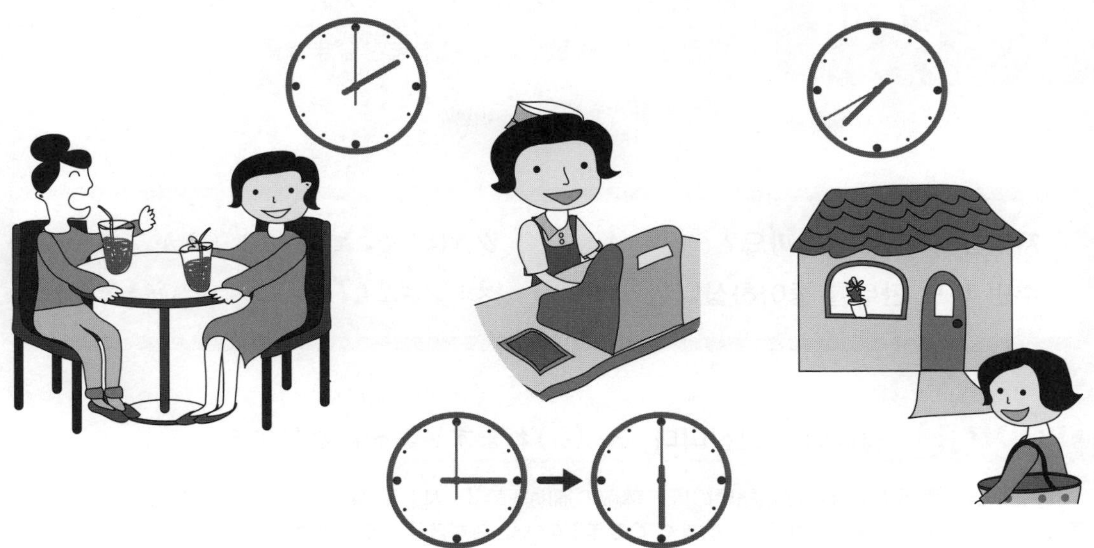

⑦ 친구를 만나다（友達に会う）→

⑧ 아르바이트를 하다（アルバイトをする）→

⑨ 집에 돌아오다（家に帰ってくる）→

⑩ 저녁밥을 먹다（夕食を食べる）→

⑪ 텔레비전을 보다（テレビを見る）→

⑫ 자다（寝る）→

제 9 과 「マンドゥ」がお好きですか

学習目標：尊敬形の作り方を学びます。

67

저녁은 저기서 먹을까요?	夕食はあそこで食べましょうか。
수민 씨도 만두를 좋아하십니까?	スミンさんも「マンドゥ」がお好きですか。

POINT 1 -십니다 /-으십니다　～(ら)れます / お～になります

尊敬形は、用言の語幹と終結語尾の間に尊敬の補助語幹「-시 / 으시 -」を挟み込む形になります。韓国では日本と違って自分の両親を含むすべての年上の人に必ず敬語を使います。

母音語幹 ＋ 시 ＋ 語尾
子音語幹 ＋ 으시 ＋ 語尾

좋아하다（好きだ）→ 좋아하십니다
읽다（読む）→ 읽으십니다

☞ 尊敬を表す「-시 / 으시 -」と、第8課で学んだ意志や推量を表す「-겠 -」が同時に使われる場合、順番は尊敬＋意志の順です。　例）할아버지 , 택시를 타시겠습니까?

POINT 2 特殊な尊敬形

日本語の「召し上がる」のように韓国語でも特殊な尊敬形を持つ用言があります。

주무시다 お休みになる（자다 寝る）	드시다 召し上がる（먹다 食べる , 마시다 飲む）
말씀하시다 おっしゃる（말하다 言う）	돌아가시다 お亡くなりになる（죽다 死ぬ）
계시다　いらっしゃる（있다 いる）	안 계시다 いらっしゃらない（없다 いない）

☞ 人がいるという意味では「**계시다**」を、物や時間があるという意味では「**있으시다**」を使い分けます。
例）어머님은 집에 계십니까?
　　내일 시간이 있으십니까?

POINT 3 –에서（助詞）～で（場所）

場所を表す助詞。体言の種類に関係なく「– 에서」をつけます。ただし、여기 , 거기 , 저기 , 어디の後に接続するときは主に縮約形の「- 서」が用いられます。

体言　　＋ 에서
여기など ＋ 서

대학에서 컴퓨터를 가르칩니다.
모레 어디서 만날까요?

練習 9-1 次の文の用言を活用させて尊敬形に直してみましょう。

例) 아주머니는 매일 버스를 타다 ➡ 아주머니는 매일 버스를 타십니다.

1) 선생님은 지금 신문을 읽다 ....

2) 어머니는 은행에서 일하다 ....

3) 할머니는 영화를 안 좋아하다 ....

4) 아저씨 취미는 외국어 공부이다 ....

練習 9-2 次の表を完成させて表現をふやしましょう。

	- 십니까?/ 으십니까? 〜(ら)れますか。	- 시겠습니까?/ 으시겠습니까? 〜(ら)れるのでしょうか。
받다 受け取る	1)	2)
내리다 降りる	3)	4)

練習 9-3 「場所で目的語を動詞されます」という文を作ってみましょう。

例) 우체국 / 우표 / 사다 ➡ 우체국에서 우표를 사십니다. (郵便局で切手を買われます)

1) 집 앞 / 운동 / 하다
(.............. /運動 /する) ....

2) 여기 / 지하철 / 타다
(ここ /地下鉄 / ....) ....

3) 시장 / 설탕 / 사다
(市場 /砂糖 / ....) ....

4) 대학교 / 한국어 / 가르치다
(.............. /韓国語 /教える) ....

5) 저기 / 사진 / 찍다
(.............. /写真 /撮る) ....

☞ では、次の単語と表現をしっかり覚えた上で、次のページの会話文を聞いてみましょう。

☑ 単語と表現

□만두 マンドゥ
□너무 あまり、とても
□아주 とても
□좋다 [조타] 良い (싫다 [실타] 嫌いだ)
□맛있다 おいしい (맛없다 まずい)
□주세요 ください
□시키다 注文する
□- 인분 〜人前 (助数詞)
□많이 [마니] たくさん

68

会話　夕食は秀民がご馳走するということで、二人は冷麺を食べに行きました。

수민　① 어디서 먹을까요? 저 식당에서 먹을까요?

에미　② 네, 좋습니다.

(식당에서)

수민　③ 여기 만두가 너무 맛있습니다.

④ 만두도 시킬까요?

에미　⑤ 네, 수민 씨도 만두를 좋아하십니까?

수민　⑥ 네, 아주 좋아합니다.

⑦ 여기요! 냉면 두 개, 만두 일 인분 주세요.

에미　⑧ 김치도 많이 주세요!

秀民　① どこで食べましょうか。あそこの食堂で食べましょうか。

恵美　② はい、いいですよ。

（食堂で）

秀民　③ ここの「マンドゥ」がとてもおいしいんです。

④「マンドゥ」も注文しますか。

恵美　⑤ ええ、スミンさんも「マンドゥ」がお好きですか。

秀民　⑥ ええ、とても好きです。

⑦ すみません！冷麺を二つ、「マンドゥ」を一人前ください。

恵美　⑧ キムチもたくさん下さいね！

恵美の異文化体験!?⑨

韓国の食事作法

ひとつ、밥공기（お茶碗）は持ち上げるべからず。

（茶碗を持ち上げると犬食いになるらしい）

ひとつ、ご飯は숟가락（スプーン）で食べるべし。

（젓가락（箸）を使うと福が逃げてしまうらしい。箸はおかずを取るだけ）

練習 9-4 単語（단어）を入れ替え、会話の練習をしましょう。

가：만두를 / 을 좋아하십니까?　　나：네, 아주 좋아합니다.
비빔밥　　정말
한국 음식　　너무
한국 요리　　다

まとめて覚えたい単語：副詞

다（= 모두）みんな、全部	제일 一番、もっとも	또 また	곧 すぐに
너무 あまり、とても	먼저 先に	더 もっと	좀 すこし、ちょっと

練習 9-5 「-(으)십니까？」「-ㅂ/습니다」を用いて会話の練習をしましょう。

1)

음악을 좋아하다

2)

집을 찾다

3)

운동을 하다

4)

설탕을 넣다

A：음악을 좋아하십니까?
B：네, 음악을 좋아합니다.

練習 9-6 韓国語で言ってみましょう。

1) あの食堂で食べましょうか。 ....

2) ここは冷麺が本当においしいです。 ....

3) 先生もキムチがお好きですか。 ....

4) キムチもたくさん下さい。 ....

5) 冷麺を二つ下さい。 ....

제10과 秀民と一緒に一度来てください

学習目標：해요体の終結語尾を学びます。

69

다음 주 토요일에 일본에 돌아가요.	来週の土曜日、日本へ帰ります。
이번 주 화요일에 시간 있어요?	今週の火曜日お時間ありますか。

POINT 1 －아요(?)／어요(?)　～ます(か)／～ます(か)

「－아요／어요」は、用言の語幹につけて丁寧な意を表す、해요体の終結語尾です。主に日常生活やプライベートな話の場で使われる打ち解けた言い方で、イントネーションによって平叙（↘）、疑問（↗）、勧誘（→）、命令（↓）の意味に使い分けることができます。

陽母音（ㅏ，ㅗ）語幹 ＋ 아요	찾다（探す）→찾＋아요?　――――→찾아요? 가다（行く）→가＋아요　→（가아요）→가요(縮約)
陰母音（ㅏ，ㅗ以外）語幹 ＋ 어요	있다（いる）→있＋어요?　――――→있어요? 마시다（飲む）→마시＋어요　→（마시어요）→마셔요(縮約)

하다用言は「해요」になります（p.90 参照）

POINT 2 母音語幹の縮約

語幹にパッチムのない場合、語幹末の母音と아／어が縮約しますので注意しましょう。話し言葉では必ず縮約形を使います。

語幹末の母音＋아요／어요＝ 縮約形　　＜例＞

	例
① ㅏ ＋ 아요 ＝ ㅏ요	사다 → 사요（買います）
② ㅐ ＋ 어요 ＝ ㅐ요	지내다 → 지내요（過ごします）
③ ㅓ ＋ 어요 ＝ ㅓ요	서다 → 서요（立ちます）
④ ㅔ ＋ 어요 ＝ ㅔ요	세다 → 세요（数えます）
⑤ ㅕ ＋ 어요 ＝ ㅕ요	켜다 → 켜요（点けます）
⑥ ㅗ ＋ 아요 ＝ ㅘ요	보다 → 봐요（見ます）
⑦ ㅜ ＋ 어요 ＝ ㅝ요	배우다 → 배워요（習います）
⑧ ㅣ ＋ 어요 ＝ ㅕ요	가르치다 → 가르쳐요（教えます）
⑨ ㅚ ＋ 어요 ＝ ㅙ요	되다 → 돼요（なります）

練習 10-1 次の文の用言を活用させて해요体に直してみましょう。

例）주말에 시간이 있다 ➡ 주말에 시간이 있어요.（週末に時間があります）

1）이번 금요일은 놀다 ……………………

2）이 영화는 재미있다 ……………………

3）지금은 돈이 없다 ……………………

4）내일도 수업에 늦다 ……………………

5）오전 10 시에 문을 열다 ……………………

6）그 가게는 값이 싸다 ……………………

練習 10-2 適切な助詞をつけて해요体の文を作ってみましょう。

例）은행 / 돈 / 찾다 ➡ 은행에서 돈을 찾아요.（銀行でお金をおろします）

1）집 / 텔레비전 / 보다
（家 / …………… /見る） ……………………

2）시장 / 과일 / 팔다
（市場 / …………… /売る） ……………………

3）학교 / 시험 문제 / 만들다
（ …………… /試験問題 /作る） ……………………

4）저기 / 기차 / 타다
（あそこ /汽車 / …………… ） ……………………

5）밖 / 저녁 / 먹다
（外 /夕食 / …………… ） ……………………

6）자기 방 / 술 / 마시다
（自分の部屋 /お酒 /…………… ） ……………………

では、次の単語と表現をしっかり覚えた上で、次のページの会話文を聞いてみましょう。

単語と表現

□여보세요 もしもし
□지내다 過ごす
□돌아가다 帰る
□그래서 それで
□괜찮다 [괜찬타] 大丈夫だ
□시간 時間
□－하고（＝와 / 과） ～と
□뵙다 [뵙따] お目にかかる
□같이 [가치] 一緒に

会　話　恵美の留学期間もあっという間に終わり、挨拶をするため先生に電話をしました。

에미　① 여보세요? 김 선생님이십니까?

선생님② 네, 에미 씨? 잘 **지내요**?

에미　③ 예. 저, 다음 주 토요일에 일본에 **돌아가요**.
그래서….

선생님④ 그래요? 수민이하고 같이 한번 **와요**.
⑤ 화요일 12시에 시간 **괜찮아요**?

에미　⑥ 예, 괜찮습니다.
⑦ 그럼, 화요일 점심에 뵙겠습니다.

「예」が「네」よりあらたまった感じがします。

恵美　① もしもし、金先生でいらっしゃいますか。
先生　② ええ、恵美さん？　お元気ですか。
恵美　③ はい、あの、来週の土曜日、日本へ帰ります。
それで…。
先生　④ そうですか。スミンと一緒に一度来てください。
⑤ 火曜日の 12 時、時間は大丈夫ですか。
恵美　⑥ はい、大丈夫です。
⑦ それじゃ、火曜日の昼にお目にかかります。

もっと知りたい！

Q：④の「수민하고 같이」ではなく「수민이하고 같이」となっているのはなぜですか？
A：会話では名前の最終音節がパッチムで終わる場合、名前と助詞の間に「이」が挟まれる形で使われます。例えば수민이가, 수민이는, 수민이를, 수민이도というふうになります。

練習 10-3 単語（단어）を入れ替え、会話の練習をしましょう。

A :		B :		
일요일에 뭐 하세요?		친구들과 /와 같이	영화를 /을	봐요.
오후		여동생	한국어	배워요.
저녁		여자 친구	술	마셔요.
주말		어머니	한국 음식	만들어요.

☞「- 와 / 과」は、하고と同じ意味の助詞で、母音体言には「와」、子音体言には「과」をつけます。「하고」は会話的です。

練習 10-4 手帳のメモを見て予定を言ってみましょう。（해요体）

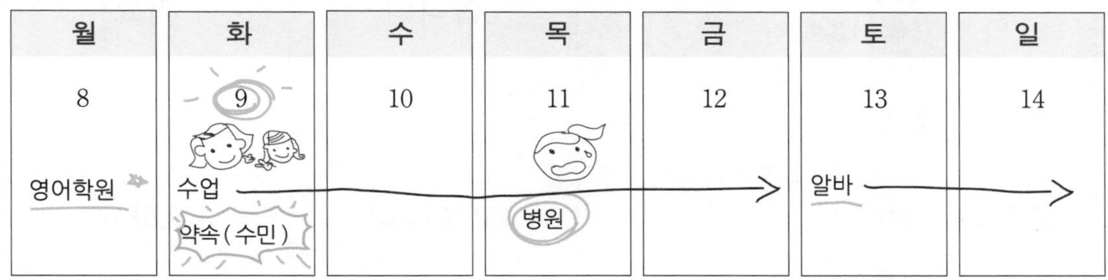

월
화
수
목
금
토
일
8
9
10
11
12
13
14
영어학원
수업
약속(수민)
병원
알바

＊ 알바 = 아르바이트

1）월요일에는 ....

2）화요일부터 금요일까지 ....

3）화요일 저녁에는 ....

4）목요일에는 ....

5）주말에는 ....

練習 10-5 韓国語で言ってみましょう。（해요体）

1）来週韓国に行きます。 ....

2）妹と一緒に来なさい。 ....

3）明日時間は大丈夫ですか。 ....

4）明日は仕事があります。 ....

으変則

「아프다（痛い）」「쓰다（書く）」のように語幹の母音が「으」で終わる用言（르を除く）を「으語幹用言」といいます。으語幹用言の語幹に「아／어」で始まる語尾がつくと「으」が脱落します。これを「으変則」といいます。

語幹が１音節の場合は、「으」が脱落し必ず「어요」がつきます。２音節以上の場合は、脱落の前の母音が陽母音なら「아요」、陰母音なら「어요」がつきます。

では、５級レベルの으語幹用言の活用を確認しましょう。

終結語尾 ／ 으語幹用言	합니다体 －ㅂ니다	해요体 －아요／어요
쓰다 ① 書く ② 使う ③（傘を）さす	씁니다	써요
크다 大きい		
고프다 空腹だ	고픕니다	고파요
나쁘다 悪い		
아프다 痛い		
바쁘다 忙しい		
예쁘다 きれいだ、かわいい		

p.37 模擬テスト①の解答

解答　１．1) ③　2) ①　3) ③　4) ①　5) ②　２．1) ②　2) ③　3) ②　4) ②　5) ④
３．1) ①　2) ②　3) ③　4) ①　5) ④　４．1) ③　2) ①　3) ①　4) ②　5) ②

ハングル能力検定試験 5 級模擬テスト②

＜単語＞

1．（　　）の中に入れるのにもっとも適切な単語を、①～④の中から１つ選びなさい。

1) 생일이 (　　) 입니까?
① 무엇　② 언제　③ 무슨　④ 몇

2) 오늘은 (　　) 요일입니까?
① 무엇　② 언제　③ 무슨　④ 몇

3) 다나카 씨는 (　　) 살입니까?
① 무엇　② 언제　③ 무슨　④ 몇

4) 오늘은 수요일입니다. 그리고 (　　) 은 목요일입니다.
① 내일　② 매일　③ 모레　④ 어제

5) 이 여자 아이는 히로시 씨 (　　) 입니다.
① 아주머니　② 아들　③ 언니　④ 딸

6) 저는 누나가 한 명 있습니다. 그리고 (　　) 도 한 명 있습니다.
① 오빠　② 형　③ 언니　④ 아주머니

7) A : 어디서 만날까요?
B : (　　) 에서 만나요.
① 도서관　② 다시　③ 또　④ 같이

8) A : 시험은 언제 있습니까?
B : (　　) 에 있습니다.
① 일주일　② 이주일　③ 금요일　④ 지난주

9) A : 냉면을 좋아합니까?
B : 네, (　　) 좋아합니다.
① 아주　② 빨리　③ 또　④ 다시

10) A : 몇 시에 끝납니까?
B : (　　) 시 사십 분에 끝납니다.
① 셋　② 세　③ 삼　④ 사

☞ 解答は p.99。

来年の春にまた来たいです

学習目標：하다用言の해요体の終結語尾と、「～したい」の表現を学びます。

71

저는 한국을 좋아해요.	私は韓国が好きです。
내년 봄에 다시 한국에 오고 싶어요.	来年の春にまた韓国に来たいです。
여기서 오사카까지는 가깝습니다.	ここから大阪までは近いです。

POINT 1　－여요(?)　하다用言の「해요体」

하다用言は、語幹「하」に「－여요」をつけます。「하여요」は縮約して「해요」になります。

하다用言
하 ＋ 여요 → 해요 (?)

식사하다	(食事する)	→	식사하＋여요	→	식사해요
잘하다	(上手だ)	→	잘하＋여요	→	잘해요
시작하다	(始める)	→	시작하＋여요	→	시작해요

POINT 2　－고 싶다　～したい

動詞の語幹につけて話し手の希望や願望を表す表現。

語幹＋고 싶다

한국에 가고 싶어요.
한국 요리를 먹고 싶습니다.
지금은 만나고 싶지 않아요.

POINT 3　－에서　－까지　～から～まで（助詞）

「－에서」は場所の出発点を表す助詞。ただし、여기，거기，저기，어디の後には主に縮約形の「－서」が用いられます。また「－까지」は終了の時点・地点・限度などを表す助詞。

場所　　＋ 에서
場所・時 ＋ 까지

역에서 병원까지 30분쯤 걸려요.
여기서 집까지 한 시간쯤 걸려요.
시험까지는 두 주일이 있어요.

☞「（時間）から」は「－부터」を使います。例）3時から；3 시부터（8 課参照）

練習 11-1 次の文の用言を活用させて해요体に直してみましょう。

例）일주일에 두 번 한국어를 공부하다 ➡ 일주일에 두 번 한국어를 공부해요.

1) 남자 친구는 말을 잘 못하다 ....
2) 전 축구를 제일 좋아하다 ....
3) 이분은 노래를 아주 잘하다 ....
4) 동생은 겨울을 너무 싫어하다 ....

練習 11-2 「時に目的語を動詞したいです」という文を作ってみましょう。

例）봄 / 결혼 / 하다（春 / 結婚 / する） ➡ 봄에 결혼을 하고 싶어요.

1) 여름 / 배 / 타다
（夏 / 船 / ....） ....
2) 가을 / 여행 / 가다
（秋 / 旅行 / ....） ....
3) 주말 / 영어 / 배우다
（週末 / 英語 / ....） ....

練習 11-3 （　　　）に適切な助詞を書き入れてみましょう。

1) 거기(　　　) 학교(　　　) 멀어요?　そこから学校まで遠いですか。
2) 회사(　　　) 집(　　　) 1 시간 걸려요.　会社から家まで1時間かかります。
3) 여기(　　　) 친구 집(　　　) 가깝습니다.　ここからは友達の家が近いです。

疑問詞の整理

誰が	いつ	どこ	何	なぜ	何の	いくつ	いくら
누가	언제	어디	무엇	왜	무슨 *	몇 *	얼마

*무슨の後は名詞が、몇の後は「～個」「～時」などの助数詞がつきます。
例）무슨 요일（何曜日）、몇 개（いくつ）

☞ では、次の単語と表現をしっかり覚えた上で、次のページの会話文を聞いてみましょう。

☑ 単語と表現

- □요즘　この頃、最近
- □어때요　どうですか
- □-만　だけ、ばかり（助詞）
- □잘하다 [자라다]　上手だ
- □매일　毎日
- □못하다 [모타다]　下手だ
- □내년　来年
- □봄　春
- □정도(=쯤)　程度、くらい
- □다시　再び
- □얼마나　どれくらい
- □걸리다　かかる

会話 恵美は秀民と一緒に、金先生の研究室に挨拶に行きました。

72

에미 ① 실례합니다.

선생님 ② 어서 와요. 요즘 어때요?

에미 ③ 매일 한국어만 **공부해요**.

수민 ④ 저보다 한국말을 **잘해요**.

에미 ⑤ 아니에요. 잘 **못해요**.

선생님 ⑥ 한국에는 또 언제 와요?

에미 ⑦ 내년 봄에 다시 오고 **싶어요**.

선생님 ⑧ 그래요. 오사카**까지**는 얼마나 걸려요?

에미 ⑨ 서울**에서** 한 시간 반 정도 걸려요.

恵美 ① 失礼します。
先生 ② いらっしゃい。最近どうですか。
恵美 ③ 毎日韓国語ばかり勉強しています。
秀民 ④ 私より韓国語がうまいんですよ。
恵美 ⑤ いいえ。下手です。
先生 ⑥ 韓国にはまたいつ来ますか。
恵美 ⑦ 来年の春にまた来たいです。
先生 ⑧ そうですか。大阪まではどれくらいかかりますか。
恵美 ⑨ ソウルから(飛行機で) 1時間半ぐらいかかります。

恵美の異文化体験!?⑩

日本語では助詞を使わないところに、韓国語では助詞が入ることがあります。たとえば「来年留学したいです」というときに「내년에 유학하고 싶어요」となり、「週末は家にいます」の場合も「주말에는 집에 있어요」というふうに、時をあらわす言葉には「에」をつけます。

練習 11-4 単語（단어）を入れ替え、会話の練習をしましょう。

A： ①오사카까지는 얼마나 걸려요?

B： 여기서 / 에서 ①오사카까지 한 시간 반쯤 걸려요.

집	도서관	한 시간
거기	영화관	10 분
공항	호텔	두 시간

■ まとめて覚えたい単語：場所 ■

우체국 郵便局	은행 銀行	학원 塾、学校	회사 会社	호텔 ホテル
영화관 映画館	공항 空港	가게 店	병원 病院	교실 教室

練習 11-5 「- 고 싶어요」を用いて会話の練習をしましょう。

1)

호텔에서 일하다

2)

야구를 하다

3)

요리 교실에 다니다

4)

친구하고 놀다

A：뭐 하고 싶어요?
B：

練習 11-6 韓国語で言ってみましょう。（해요体）

1) 来年韓国に行きたいです。 ....

2) 明日は韓国映画を観たいです。 ....

3) 私より韓国語が上手です。 ....

4) 家までどれくらいかかりますか。 ....

5) ここから家まで1時間かかります。 ....

제12과 ひとついくらですか

学習目標：指定詞の해요体と、「～して下さい」の表現を学びます。

73

이거 얼마예요?	これおいくらですか。
한 개에 5000원이에요.	1個5000ウォンです。
한 개만 주세요.	1つだけください。

POINT 1 －예요(?)/이에요(?) ～です(か)（「이다」の해요体）

指定詞「이다」は、語幹「이」に「에요」をつけます。ただし前に来る体言の最終音節が母音なら「이에요」は「예요」に縮約されます。

母音体言 ＋ 예요(?) 子音体言 ＋ 이에요(?)	얼마예요? [얼마에요] 오천 원이에요?
体言 ＋ 가/이 아니에요(?)	아니에요. 오천 원이 아니에요.

☞「아니다」には「에요」をつけます。「아니에요」は単独では「いいえ」または「違います」という意味になります。

POINT 2 －세요/으세요 お～ください、～してください

丁寧な命令形で提案や要求をするときの表現。

母音語幹 ＋ 세요 子音語幹 ＋ 으세요	주다（くれる） → 주세요 입다（着る） → 입으세요

POINT 3 －에 ④（助詞） ～で（単位）

ここでは「－에」が助数詞に接続して単位や数の基準を表す用法を学びます。日本語では省略されたり、「で」になるので注意しましょう。

体言＋ 에	사과 한 개에 얼마예요? 세 개에 5천 원이에요.

練習 12-1 次の文の用言を活用させて해요体に直してみましょう。

例）이건 제 생각이 아니다 ➡ 이건 제 생각이 아니에요.（これは私の考えではありません）

1）그건 제 신발이 아니다 ……………………

2）제 취미는 야구이다 ……………………

3）전 아이가 아니다 ……………………

4）사과는 한 개에 1000 원이다 ……………………

練習 12-2 適切な助詞をつけて「～してください」という文を作ってみましょう。

例）양말 / 이것 / 신다 ➡ 양말은 이것을 신으세요.（靴下はこれを履いてください）

1）바지 / 그것 / 입다
（…………/それ/着る、穿く） ……………………

2）구두 / 이것 / 신다
（…………/これ/履く） ……………………

3）먼저 / 일 / 시키다
（まず/…………/させる） ……………………

4）천천히 / 저녁 / 먹고 가다
（ゆっくりと/…………/食べていく） ……………………

5）빨리 / 택시 / 타고 오다
（早く/…………/乗ってくる） ……………………

해요体のまとめ

陽母音語幹 ＋아요	陰母音語幹 ＋어요	하다用言 하＋여요→해요	으語幹（으変則） 「으」の脱落	指定詞 이다，아니다
찾아요 가요 봐요	먹어요 배워요 마셔요	공부해요 감사해요 일해요	바빠요 예뻐요 써요	어머니예요 선생님이에요 제가 아니에요

☞ では、次の単語と表現をしっかり覚えた上で、次のページの会話文を聞いてみましょう。

単語と表現

□이쪽　こちら
□팔다　売る
□다　全部、すべて
□천천히［천처니］　ゆっくり（と）
□앉다［안따］　座る
□가지다　持つ
□－만　だけ、ばかり（助詞）
□저녁　夕方、夕食
□어디서　どこで
□예쁘다　きれいだ、かわいい
□주다　くれる
□－고 가다　～していく

74 ♪

会 話　秀民の家に招かれた恵美は、そこで久しぶりに鍾国に会いました。

종국　① 어서 오**세요**. 오래간만입니다.

에미　② 어? 종국 씨, 오래간만**이에요**.

수민　③ 이쪽으로 앉**으세요**.

（キーホルダーを見て）

에미　④ 이거 정말 예쁘다! 어디서 팔아요?

⑤ 하나**에** 얼마**예요**?

종국　⑥ 한 개**에** 오천 원**이에요**. 다 가지**세요**.

에미　⑦ **아니에요**. 하나만 주**세요**.

수민　⑧ 오늘은 천천히 저녁 먹고 가**세요**.

鍾国　① いらっしゃい。久しぶりですね。

恵美　② あら？　ジョングクさん、お久しぶりです。

秀民　③ こちらへ座ってください。

（キーホルダーを見て）

恵美　④ これ本当にかわいい！どこで売っていますか。

⑤ ひとつ、いくらですか。

鍾国　⑥ 一個、5000 ウォンです。全部差し上げます。

恵美　⑦ いいえ。ひとつだけ下さい。

秀民　⑧ 今日はゆっくり夕食を食べていって下さい。

恵美の異文化体験!? ⑪

会話では助詞がしばしば省略されます。たとえば「밥 먹어요（ご飯を食べています）」「도서관 가요?（図書館に行くの？）」「뭐 해요?（何をしているの？）」「숙제 해요（宿題をしています）」など、短い会話文で省略されることが多いようです。しかし書き言葉ではちゃんと助詞をつけなければだめなんだって。

練習 12-3 単語（단어）を入れ替え、会話の練習をしましょう。

A：		B：	
사과 한 개	에 얼마예요?	한 개에	1000 원이에요.
책 두 권(冊)		두 권	15000 원
커피 한 잔(杯)		한 잔	350 엔(円)
술 한 병(本)		한 병	20000 원
종이 세 장(枚)		세 장	1000 원

練習 12-4 Aに「- 세요 / 으세요」を用いて助言をしてみましょう。

1) 공부를 하다　2) 약을 먹다　3) 아르바이트를 하다　4) 안경을 쓰다

1) A：눈이 나빠요.　B：
2) A：단어 시험이 있어요.　B：
3) A：돈이 없어요.　B：
4) A：배가 아파요.　B：

練習 12-5 韓国語で言ってみましょう。（해요体）

1) 本当にかわいい！ ……………………
2) ２個だけください。 ……………………
3) これはどこで売っていますか。 ……………………
4) こちらへ座って下さい。 ……………………
5) お昼を食べていって下さい。 ……………………

助数詞の整理

助数詞は、固有数詞につくものと、漢数詞につくものに分かれています。

固有数詞につくもの

時	名	人	方 名様	個	枚	杯	冊	匹、羽、 頭	回 （回数）	歳
시	명	사람	분	개	장	잔	권	마리	번	살

☞ 日本語の場合と違ってこれらはすべて固有数詞につくので注意しましょう。動物にはすべて「**마리**」がつきます。

練習　次の名詞につづく助数詞を線で結んでみましょう。

1）종이　・　　　　・한 잔
2）개　・　　　　・두 마리
3）선생님　・　　　　・세 명
4）학생　・　　　　・두 분
5）커피　・　　　　・네 개
6）나이　・　　　　・다섯 장
7）사과　・　　　　・한 권
8）책　・　　　　・열여덟 살
9）시간　・――――――・열두 시

漢数詞につくもの

分	年	月	日	ウォン	円	番（番号）	人前	階
분	년	월	일	원	엔	번	인분	층

☞ 日本語の場合と同じく、これらはすべて漢数詞につきます。

練習　次の数字を読んでみましょう。

1）2024 年 6 月 15 日
2）100 ウォン、1500 円
3）75 番
4）2 階
5）3 人前
6）10 分

ハングル能力検定試験５級模擬テスト③

＜文法：助数詞＞

1．（　　）のなかに入れるのにもっとも適切なものを①～④のなかから１つ選びなさい。

1) 저는 매일 사과 한（　　）를 먹어요.　私は毎日リンゴ１個を食べます。
① 개　② 잔　③ 번　④ 장

2) 다시 한（　　）말해 주세요.　もう一度言ってください。
① 개　② 잔　③ 번　④ 장

3) 우리 집에는 개 한（　　）가 있어요.　うちには犬が１匹います。
① 마리　② 개　③ 번　④ 장

4) 제 방은 2（　　）에 있어요.　私の部屋は２階にあります。
① 번　② 개　③ 층　④ 장

5) 어서 오세요. 몇（　　）이세요?　いらっしゃいませ。何名様ですか。
① 층　② 장　③ 번　④ 분

6) 커피 두（　　）주세요.　コーヒーを２杯ください。
① 잔　② 분　③ 번　④ 장

7) 한국어 교과서 한（　　）주세요.　韓国語の教科書を１冊ください。
① 번　② 분　③ 권　④ 장

＜文法：動詞・形容詞の活用＞

2．（　　）のなかに入れるのにもっとも適切なものを①～④のなかから１つ選びなさい。

1) 무슨 일이（　　　　）?
① 있습니다　② 있어요　③ 입니다　④ 입니까

2) 수업은 오후 5시 40분에（　　　　）.
① 끝나요　② 끝니다　③ 만나요　④ 만니다

3) 제 동생이 저보다 머리가（　　　　）.　☞ ㄹ語幹用言（p.118）参照
① 길습니다　② 깁니다　③ 기어요　④ 기아요

4) 어디（　　　　）?　☞ ㄹ語幹用言（p.118）参照
① 살어요　② 사아요　③ 살아요　④ 사어요

5) 학교에서 한국어를（　　　　）.
① 배와요　② 배우요　③ 배우아요　④ 배워요

☞ 解答は p.109。

p.89 模擬テスト②の解答

解答１．1) ②　2) ③　3) ④　4) ①　5) ④　6) ②　7) ①　8) ③　9) ①　10) ②

제 13 과 ご両親へのおみやげは買いましたか

学習目標：用言の過去形を学びます。

75

어제 어머니 선물을 샀어요.	昨日母へのおみやげを買いました。
그리고 집까지 택시로 갔어요.	そして家までタクシーで帰りました。

POINT 1 過去形

用言の過去形は、過去を表す補助語幹「- 았 / 었 / 였 -」を、語幹と語尾の間に挟み込む形です。終結語尾は합니다体なら「습니다」を、해요体なら「어요」をつけます。

陽母音（ㅗ, ㅏ）語幹	＋았＋語尾
陰母音（ㅗ, ㅏ以外）語幹	＋었＋語尾
하다用言	하＋였＋語尾

알다（分かる、知る）→ 알았습니다
오다（来る） → 오았어요 → 왔어요（縮約）
잊다（忘れる） → 잊었어요?
마시다（飲む） → 마시었어요→ 마셨어요（縮約）
정하다（決める） → 정하였어요→ 정했어요?（縮約）

また「해요体」と同様、語幹末にパッチムがない場合、語幹末の母音と았 / 었が縮約するので注意しましょう。

① ㅏ ＋ 았 ＝ 샀
② ㅐ ＋ 었 ＝ 샜
③ ㅓ ＋ 었 ＝ 섰
④ ㅔ ＋ 었 ＝ 셌
⑤ ㅕ ＋ 었 ＝ 셨
⑥ ㅗ ＋ 았 ＝ 쏬
⑦ ㅜ ＋ 었 ＝ 쒔
⑧ ㅣ ＋ 었 ＝ 셨
⑨ ㅚ ＋ 었 ＝ 쇘

사다 → 샀어요（買いました）
지내다 → 지냈어요（過ごしました）
서다 → 섰어요（立ちました）
세다 → 셌어요（数えました）
켜다 → 켰어요（つけました）
보다 → 봤어요（見ました）
배우다 → 배웠어요（習いました）
가르치다 → 가르쳤어요（教えました）
되다 → 되었어요 / 됐어요（なりました）

POINT 2 - 로 / 으로 ①（助詞）～で（手段・道具）

手段、方法、道具、材料などを表す助詞。

母音体言 ＋ 로
★ㄹ体言 ＋ 로
子音体言 ＋ 으로

택시로 왔어요.
연필로 썼어요.
설탕으로 만들었어요.

練習 13-1 次の文の用言を活用させて「過去形（해요体）」に直してみましょう。

例）책상 위에 놓다 ➡ 책상 위에 놓았어요.（デスクの上に置きました）

1）아이가 병이 나다 ……………

2）작년에 눈이 많이 오다 ……………

3）집 앞에 차를 세우다 ……………

4）이번 일은 정말 잘되다 ……………

練習 13-2 適切な助詞をつけて「過去形」の文を作ってみましょう。

例）지난번 / 기분 / 나쁘다 ➡ 지난번에 기분이 나빴어요.（この前気分が悪かったです）

1）지난달 / 시간 / 많다
（先月 / ………… /多い） ……………

2）밤 / 눈물 / 나다
（ ………… /涙 /出る） ……………

3）9 시 / 수업 / 시작되다
（9時 /………… /始まる） ……………

4）지난주 / 메일 / 보내다
（先週 /メール / ………… ） ……………

5）어젯밤 / 눈 / 내리다
（昨夜 /雪 / ………… ） ……………

練習 13-3 （　）に適切な助詞を書き入れてみましょう。

1）은행까지는 버스（　　　）갈까요? 銀行まではバスで行きましょうか。

2）어제 조선말（　　　）말했어요? 昨日朝鮮語で話しましたか。

3）이건 눈（　　　）만들었어요. これは雪で作りました。

4）선물은 어디（　　　）샀어요? おみやげはどこで買いましたか。

5）우리는 지하철（　　　）가요. 私たちは地下鉄で行きましょう。

☞ では、次の単語と表現をしっかり覚えた上で、次のページの会話文を聞いてみましょう。

☑ 単語と表現

□부모님［父母-］ ご両親	□선물［膳物］ おみやげ、プレゼント	□오후 午後
□어제 昨日	□사다 買う	□전철［電鐵］ 電車
□아버님 お父様	□정하다［定-］ 決める	□-고 ～(し)て

76

会話　父へのお土産がなかなか決まらない恵美、秀民にアドバイスを求めました。

수민　① 부모님 선물은 **샀어요**?

에미　② 어머니 건 어제 **샀어요**.

③ 아버지 건 오늘 사고 싶어요.

④ 수민 씨, 오후에 시간 있어요?

수민　⑤ 네, 같이 갈까요?

에미　⑥ 네, 전철로 갈까요? 버스로 갈까요?

수민　⑦ 버스로 가요.

⑧ 아버님 선물은 **정했어요**?

⑨ 선물을 사고 영화를 볼까요?

秀民　① ご両親へのおみやげは買いましたか。

恵美　② 母のものは昨日買いました。

③ 父のものは今日買いたいです。

④ スミンさん、午後時間ありますか。

秀民　⑤ はい、一緒に行きましょうか。

恵美　⑥ ええ、電車で行きましょうか。バスで行きましょうか。

秀民　⑦ バスで行きましょう。

⑧ お父さんへのおみやげは決まりましたか。

⑨ おみやげを買って、映画を見ましょうか。

恵美の異文化体験!?⑫

韓国の交通料金はすっごく安いの。地下鉄の最低料金は約130円で、30分は乗れます。さらにプリペイド式の「교통카드」（交通カード）があると便利。バスにも地下鉄にも使えて、距離単位で料金が計算されます。おまけに割引もきくので10キロ以内なら何回乗り換えても、同じ料金です。（日本でも割引があればいいのにね！）

練習 13-4 単語（단어）を入れ替え、会話の練習をしましょう。

A：선물은 뭐가 좋을까요?

B：사전 / 시계 / 구두 / 휴대폰 는/은 어때요? / 어떠세요? / 어떠십니까?

■ まとめて覚えたい単語：プレゼントしてほしいもの ■

시계 時計	신발 履物	양말 靴下	연필 鉛筆	꽃 花
컴퓨터 パソコン	사전 辞書	안경 めがね	볼펜 ボールペン	시디 CD

練習 13-5 「～（し）て（から）～しました」の文を作り、言ってみましょう。

1)
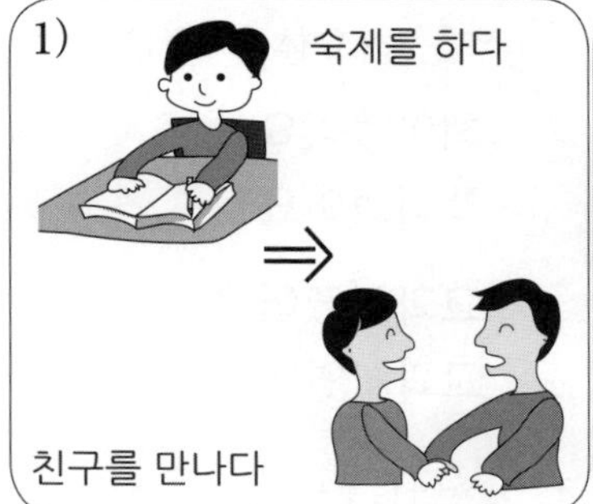

2)
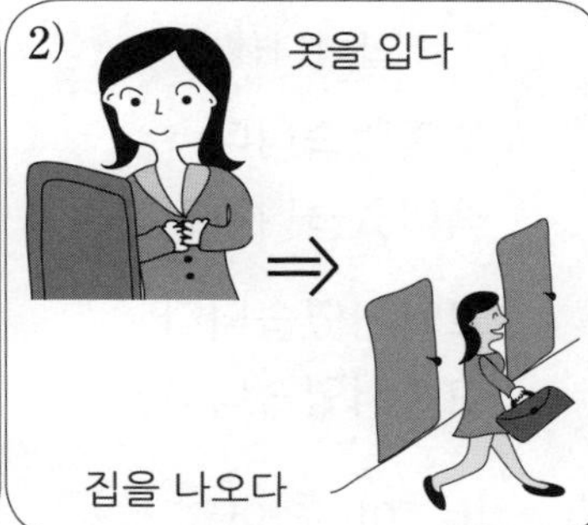

3)

숙제를 했어요. 그리고 친구를 만났어요.

➡ 숙제를 하고 친구를 만났어요.　宿題をして、友達に会いました。

練習 13-6 韓国語で言ってみましょう。（해요体）

1) おみやげは買いましたか。 ……………………

2) 今日の午後買いたいです。 ……………………

3) おみやげは何がいいでしょうか。 ……………………

4) 電車で行きましょうか。 ……………………

5) 明日時間ありますか。 ……………………

제 14 과 昨日地下鉄に乗っていました

学習目標：指定詞「이다，아니다」の過去形と、「～しましょう」の表現を学びます。

77

누구였어요? 제 동생이었죠?	誰でしたか？　私の妹でしょ？
저 버스가 명동으로 가요.	あのバスがミョンドンへ行きます。
저 버스를 타고 갑시다.	あのバスに乗って行きましょう。

POINT 1 指定詞の過去形

이다の過去形は、語幹「이」と語尾の間に、過去を表す「었」が挟み込まれる形になります。ただし前に母音体言がくると、「이었」は縮約され「였」になります。

	합니다体	해요体
子音体言 ＋이었＋語尾	책이었습니다 책이었습니까?	책이었어요 책이었어요?
母音体言 ＋였＋語尾	교과서였습니다 교과서였습니까?	교과서였어요 교과서였어요?

☞「아니다」は「아니었습니다」または「아니었어요」になります。縮約はしません。

POINT 2 －ㅂ시다／읍시다　～しましょう

「합니다体」の勧誘を表す語尾。ただし、これは男性がよく用いる表現で、主に対等な関係か目下の相手に対して使います。

母音語幹 ＋ ㅂ시다 子音語幹 ＋ 읍시다	마시다（飲む）　→ 마십시다 앉다（座る）　→ 앉읍시다 넣다（入れる）　→ 넣읍시다

POINT 3 －로／으로 ②（助詞）～へ／に（方向）

目的地を表す体言の後につけて方向を表す助詞。「－로／으로 하다」は「～にする」「～に決める」という意味の慣用表現です。

母音体言 ＋ 로 ★ㄹ体言 ＋ 로 子音体言 ＋ 으로	이 버스는 어디로 갑니까? 서울호텔로 가요. 여행은 외국으로 갑시다.

☞ 第 13 課で習った手段や道具の「－로／으로」と形態が同じです。

練習 14-1 次の文の用言を活用させて過去形（해요体）に直してみましょう。

例）그건 제 마음(本心) 이 아니다 ➡ 그건 제 마음이 아니었어요.

1）내일은 금요일이 아니다 ……………………

2）일요일의 비행기표이다 ……………………

3）그분은 우리 선생님이다 ……………………

4）그 사람은 손님이 아니다 ……………………

練習 14-2 適切な助詞をつけて「～しましょう」という文を作ってみましょう。

例）지금 / 숙제 / 하다 ➡ 지금 숙제를 합시다.（今宿題をしましょう）

1）먼저 / 자리 / 앉다
（先に /………/座る） ……………………

2）천천히 / 집 / 찾다
（ゆっくり / ………/探す） ……………………

3）빨리 / 식사 / 시키다
（早く /……… / 注文する） ……………………

4）더 / 이야기 / 하다
（もっと / ……… / する） ……………………

5）매일 / 편지 / 쓰다
（ ……… / 手紙 / 書く） ……………………

練習 14-3 （　）に適切な助詞を書き入れてみましょう。

1）회사까지 택시 (　　　) 갑시다.　会社までタクシーで行きましょう。
2）모레 서울 (　　　) 갑니다.　あさってソウルに行きます。
3）주말에는 어디 (　　　) 나갈까요?　週末はどこへ出かけましょうか。
4）이번 여행은 외국 (　　　) 갈까요?　今回の旅行は外国へ行きましょうか。
5）저녁은 한국 요리 (　　　) 할까요 ?　夕食は韓国料理にしましょうか。

☞ では、次の単語と表現をしっかり覚えた上で、次のページの会話文を聞いてみましょう。

単語と表現

□지하철 地下鉄　□(-를/을)타다 （～に）乗る　□그런데 ところで、ところが
□누가 誰(か)が　□-고 있다 ～している　□웃다 [욷따] 笑う
□어떻게 [어떠케] どうして　□아세요 ? ご存じですか　□말하다 [마라다] 言う、話す

78

会話　恵美と秀民はお土産を買うためにバス停留所へ向かいました。

에미　① 어제 지하철을 타고 있었어요.

② 그런데 누가 저를 보고 웃었어요.

수민　③ 제 여동생**이었죠**?

에미　④ 맞아요. 어떻게 아세요?

수민　⑤ 여동생이 말했어요.

（向こうのバスを見ながら）

⑥ 아, 버스가 오네요.

에미　⑦ 저 버스는 어디로 가요?

수민　⑧ 명동**으로** 갑니다. 저 버스를 **탑시다**.

恵美　① 昨日地下鉄に乗っていました。

② ところが誰かが私を見て笑いました。

秀民　③ うちの妹でしょ？

恵美　④ そうです。どうして知っているんですか。

秀民　⑤ 妹が言っていました。

（向こうのバスを見ながら）

⑥ あ、バスが来ますね。

恵美　⑦ あのバスはどこに行きますか。

秀民　⑧ ミョンドンへ行きます。あのバスに乗りましょう。

恵美の異文化体験！？⑬

韓国の버스に乗るにはコツが必要です。停留所の前はいつも大混雑していて、自分が乗ろうとするバスに手を挙げるなどの意思表示をしないとそのまま通過されてしまうことも。バスが止まったら、バスに駆けよって急いで乗らないといけません。後ろがつっかえますからね。

練習 14-4 単語（단어）を入れ替え、会話の練習をしましょう。

A：이 버스는 / 은 어디로 갑니까?
지하철
전철
기차
비행기

B：명동로 / 으로 가요.
서울역
경주
부산
서울

練習 14-5 順番をつけて「過去形」で言ってみましょう。

1）学校に行く時：（ ① ）→（ ）→（ ）→（ ）

①옷을 입다

②집을 나오다

③숙제를 가방에 넣다

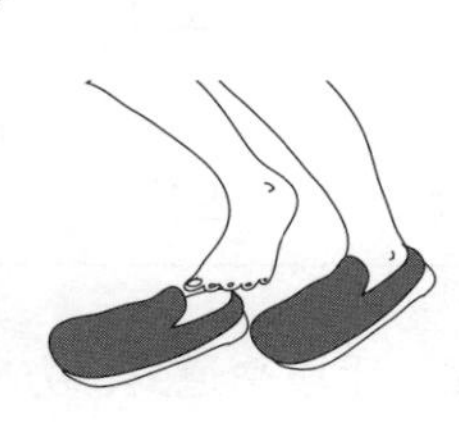
④신발을 신다

2）風邪を引いた時：（ ② ）→（ ）→（ ）→（ ）

①머리가 아프다 <으>

②감기에 걸리다

③약을 받다

④병원에 가다

練習 14-6 韓国語で言ってみましょう。（해요体）

1）その人は誰でしたか。 ……………………

2）私の妹でした。 ……………………

3）このバスはどこへ行きますか。 ……………………

4）このバスに乗りましょう。 ……………………

助詞の整理

助詞には前にくる体言によって選びわけないといけないものがありますので注意しましょう。

■ 選びわけが必要な助詞

	母音体言 （パッチムなし）	子音体言 （パッチムあり）	意味
①	- 는	- 은	～は
②	- 가	- 이	～が
③	- 를	- 을	～を
④	- 로 *	- 으로	～で（手段・道具） ～へ（方向） ～として（資格）
⑤	- 와	- 과	～と

* 로：手段や道具、方向の助詞は、「ㄹ体言」にも「로」がつきます。例）전철로, 서울로

■ その他の助詞

①	- 하고（会話的）	～と
②	- 의	～の
③	- 도	～も
④	- 에	～に
⑤	- 에게 - 한테（会話的）	～に（人）
⑥	- 에서（서 *）	～で（場所）、から（場所の起点）
⑦	- 부터	～から（時間の起点）
⑧	- 까지	～まで、までに
⑨	- 보다	～より（比較）
⑩	- 만	～だけ、ばかり
⑪	- 같이	～のごとく、のように

* 서：여기, 거기, 저기, 어디の後には主に縮約形の「- 서」が用いられます。

ハングル能力検定試験５級模擬テスト④

<助詞>

1．（　　）のなかに入れるのにもっとも適切な助詞を①～④のなかから１つ選びなさい。

1) 저는 내일 학교(　　) 갑니다.　① 에　② 에서　③ 에게　④ 서
2) 여기(　　) 좀 기다리세요.　① 에　② 한테　③ 에게　④ 서
3) 병원에는 전철(　　) 타고 가요.　① 을　② 를　③ 에　④ 에서
4) 제가 동생(　　) 세 살 위입니다.　① 보다　② 만　③ 이　④ 가
5) 이것은 제 것(　　) 아닙니다.　① 보다　② 만　③ 이　④ 가
6) 도서관에서 친구(　　) 만납니다.　① 을　② 를　③ 에　④ 에서
7) 집(　　) 회사까지는 멀지 않아요.　① 에　② 에서　③ 에게　④ 서
8) 내일 어디(　　) 만날까요?　① 에　② 가　③ 에게　④ 서
9) 사과 하나(　　) 주세요.　① 보다　② 만　③ 이　④ 가
10) 사과 한 개(　　) 천 원입니다.　① 에　② 를　③ 로　④ 에서

<文章の理解>

2．下線部と内容的に最も近い意味を表すものを①～④の中から１つ選びなさい。

1) 사과 <u>한 개</u> 주세요.
① 하나　② 한 장　③ 한 사람　④ 한 잔

2) 몇 시에 <u>점심을 먹었어요</u>?
① 식사를 했어요　② 숙제를 했어요　③ 택시를 탔어요　④ 국을 마셨어요

3) 저는 불고기를 <u>아주</u> 좋아해요.
① 좀　② 곧　③ 정말　④ 거의

4) 작년에는 눈이 많이 <u>내렸습니다</u>.
① 춥습니다　② 많았습니다　③ 갔습니다　④ 왔습니다

5) 도서관에는 책이 <u>많이 있습니다</u>.
① 적습니다　② 많습니다　③ 작습니다　④ 큽니다

☞解答は p.119。

p.99 模擬テスト③の解答

解答　1．1) ①　2) ③　3) ①　4) ③　5) ④　6) ①　7) ③
　　　2．1) ②　2) ①　3) ②　4) ③　5) ④

제 15 과 お父さんはおいくつですか

学習目標：해요体の尊敬形と、事実の確認や勧誘などを表す表現を学びます。

79

우리 아버지는 마흔일곱이세요.	私の父は47(才)です。
수민 씨 아버님은 마흔여덟이시지요?	スミンさんのお父さんは48(才)ですよね。
지난번에 제게 말했어요.	この前私に言いましたよ。

POINT 1 －세요(?) / 으세요(?)　～(ら)れます(か)

敬語の補助語幹「－시 / 으시 －」に해요体の終結語尾「어요」が結合したものです。

母音語幹 ＋ 세요(?)
子音語幹 ＋ 으세요(?)

지나다（通る、過ぎる）→ 지나세요
괜찮다（大丈夫だ）→ 괜찮으세요?

☞ 第９課で学んだ「－십니다 / 으십니다」は「－시 / 으시 －」に합니다体の終結語尾「ㅂ니다」がついたものです。

POINT 2 －지요(?)　～(ます / です)よ、～(ます / です)よね、～でしょう?

事実の確認や同意、話し手の意志などを表す語尾。「해요体」と同様、平叙・疑問・勧誘・命令文で用いられます。会話では縮約形の「－죠」が使われます。なお、-(으)시지요 /-(으)시죠は「～なさってください、～しましょう」という勧誘や柔らかい命令表現としてよく使われます。

語幹 ＋ 지요(?)
語幹 ＋ 죠(?)

요즘 바쁘시지요?（確認）
그렇지요.（同意）
안으로 들어오시죠.（勧誘）

POINT 3 －에게 , －한테 (助詞)　～に

人や動物を表す名詞につけて行動の対象を表す助詞。「－한테」の方が会話的です。「저에게」「나에게」は、しばしば縮約形の「제게」「내게」が用いられます。

人・動物 ＋ 에게
人・動物 ＋ 한테

어제 할머니에게 전화를 했어요.
아버지가 저한테 이야기하셨어요.
선생님이 제게 시켰어요.

練習 15-1 例にように「- 세요?/ 으세요?」の文に直してみましょう。

例）언제나 6 시에 일어나다 ➡ 언제나 6 시에 일어나세요?

1）언제 사진을 찍다 ....

2）누가 더 키가 크다 ....

3）어떤 선물이 좋다 ....

4）언제부터 도쿄에 살다 * ....

*「살다（住む）」は「ㄹ語幹用言」で､「ㅂ」「ㅅ」「ㄴ」で始まる語尾がつづく場合､「ㄹ」が落ちます。（p.118 参照） 例）살다（住む） → 삽니다, 삽니까? 사십니다, 사세요? 살아요, 살았어요.

練習 15-2 「人に目的語を動詞しましたよね」という文を作ってみましょう。

例）어머니 / 그 일 / 부탁하다 ➡ 어머니에게 그 일을 부탁했죠.

1）선생님 / 전화 / 하다
（先生 / 電話 / .... ） ....

2）동생 / 시계 / 주다
（妹・弟 / 時計 / .... ） ....

3）할머니 / 과일 / 보내다
（祖母 / 果物 / .... ） ....

4）이분 / 책값 / 받다
（この方 / 本代 / .... ） ....

練習 15-3 （　）に適切な助詞を書き入れてみましょう。

1）지난번 (　　　) 학교 (　　　) 오셨죠.　この前(に)学校に来られましたよね。
2）이번 달 (　　　) 또 서울 (　　　) 가시죠.　今月(に)またソウルに行かれますよね。
3）아침에 아주머니 (　　　) 전화했죠.　朝(に)おばさんに電話しましたよ。
4）아버지가 내 (　　　) 말했어요.　父が私に言いました。

☞ では、次の単語と表現をしっかり覚えた上で、次のページの会話文を聞いてみましょう。

☑ 単語と表現

□연세（나이の敬語） お歳　□올해 [오래] 今年　□마흔 40（才）
□되다 なる　□어젯밤 [어젣빰] 昨夜　□전화 [저놔] 電話
□넥타이 ネクタイ　□알다（ㄹ語幹） 知る、分かる　□나가다 出る、出ていく

80 ♪

会 話　秀民が素敵なネクタイを選んでくれました。

수민　① 아버님 연세가 어떻게 되**세요**?

에미　② 올해 마흔일곱이**세요**.

수민　③ 잠깐만요. 그럼, 이 넥타이가 어때요?

에미　④ 네. 아주 좋아요.

⑤ 저, 내일 종국 씨를 만나**죠**?

수민　⑥ 네. 어떻게 아**세요**?

에미　⑦ 어젯밤에 종국 씨가 제**게** 전화를 했어요.

⑧ 내일 저도 나갈까요?

수민　⑨ 좋**지요**.

秀民　① お父さんはおいくつですか。
恵美　② 今年 47 才です。
秀民　③ ちょっと待ってね。じゃ、このネクタイはどうですか。
恵美　④ ええ。とてもいいですね。
　　　⑤ あの、明日ジョングクさんに会いますよね。
秀民　⑥ ええ。どうして知っているんですか。
恵美　⑦ 昨夜ジョングクさんが私に電話をくれました。
　　　⑧ 明日私も行きましょうか。
秀民　⑨ いいですとも。

恵美の異文化体験!? ⑭

韓国では何気なくプレゼントを上げたりもらったりするようです。プレゼントをもらったら日本のような「お返し」の習慣がないのにはびっくり！またの機会にということのようだけど、慣れるのにけっこう時間がかかりました。素直に喜ぶのが大切！

練習 15-4 単語（단어）を入れ替え、会話の練習をしましょう。

A： 연세가 / 이 어떻게 되세요?
성함（お名前） 되십니까?
가족（ご家族）

B： 마흔다섯입니다.
이영준
다섯 명

「어떻게 되세요」は、直訳すると「どのようになられますか」という意味で、目上のひとに年齢や名前などを聞くときの決まり文句です。

練習 15-5 「-죠？」を用いて会話の練習をしましょう。

1)

돈을 다 썼다

2)
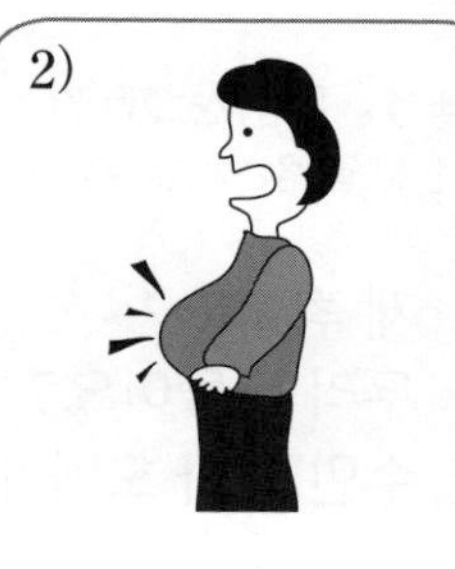
배가 나왔다

3)

많이 사랑했다

4)

일을 시작했다

A：（　　　　　　　　　　　）?
B：어떻게 아셨어요?
C：맞아요.
D：그게 아니에요.

練習 15-6 韓国語で言ってみましょう。

1) お母さんはおいくつですか。 ……………………
2) このカバンはどうでしょうか。 ……………………
3) 最近お忙しいでしょうね。 ……………………
4) どうして知っているんですか。 ……………………
5) 昨日祖母に電話をしました。 ……………………

제16과 今週の土曜日ですか

学習目標：「〜です（か）」「〜のようだ」の表現を学びます。

81

이번 주 토요일이요?	今週の土曜日ですか。
미안합니다만 토요일은 약속이 있어요.	すみませんが、土曜日は約束があります。
오늘 날씨가 봄날 같네요.	今日のお天気は春の日のようですね。

POINT 1　-요(?)　〜です（か）、〜ですね

名詞や語尾「－네, －지」などにつけて丁寧を表します。「?」をつけると疑問形になります。子音体言のあとには「이요(?)」がつきますが、しばしば「이」は省略されます。

母音体言	＋요(?)
子音体言	＋(이)요(?)
語尾(네, 지)	＋요(?)

제 취미요?
우리 아들이요? / 아들요?
수민 씨가 오빠네요. 그렇지요?

POINT 2　같다　〜のようだ、〜みたいだ

名詞について比喩や推量を表します。名詞の後は一文字開けて書きます（分かち書き）。また、助詞「－와 / 과, －하고」と共に使われると「〜と同じだ」という慣用表現になります（p.62 参照）。

名詞 ＋같다
名詞 ＋(와 / 과, 하고) 같다

날씨가 겨울 같네요.
제 생각도 수민 씨와 같아요.

「매일같이」の「같이」は、「〜のように、〜のごとく」という意味の助詞です。助詞なので名詞にくっつけて書きます。例) **매일같이 운동을 해요.**（毎日のように運動をします）
なお、第10課で学習した「**-하고 같이**」は「〜と一緒に」という意味の慣用表現です。

POINT 3　-로 / 으로③（助詞）　〜として（資格・地位・身分）

「-로 / 으로」にはいくつかの用法があります。ここでは「〜として」の意味の資格や地位、身分などを表すのを学びます（手段や道具は13課で、方向は14課で学習）。

母音体言 ＋ 로
子音体言 ＋ 으로

아르바이트로 일해요.
형으로 생각하고 있어요.

練習 16-1 「-(이)요?」を用いて、聞き返してみましょう。

A：토요일에 시간 있어요? ➡ B：토요일이요?

1) A：다음 주에 일이 있어요? B：

2) A：아침 뉴스를 봤어요? B：

3) A：생일 선물이에요. B：

4) A：어제 병원에 갔어요. B：

練習 16-2 適切な助詞をつけて「～のようだ、～みたいだ」の文を作ってみましょう。

例) 날씨 / 겨울 ➡ 날씨가 겨울 같네요. (天気が冬のようですね)

1) 날씨 / 가을
(/秋)

2) 동생 / 언니 (누나)
(妹 /)

3) 오늘 / 일요일
(今日 /)

4) 집 / 호텔
(家 /)

練習 16-3 「資格として動詞しました」という文を作ってみましょう。

例) 교사 / 일하다 ➡ 교사로 일했어요. (教師として働きました)

1) 친구 / 만나다
(友達 /)

2) 아르바이트 / 일하다
(アルバイト /)

☞ では、次の単語と表現をしっかり覚えた上で、次のページの会話文を聞いてみましょう。

単語と表現

□공항 空港 □나가다 出る、出て行く □저희 [저히 / 저이] 私たち
□당연히 当然(に) □마음 心、本心 □같네요 [간네요] 同じですね
□날씨 天気、気候 □봄날 春の日 □그렇네요 [그런네요] そうですね

82

会話　今週の土曜日に恵美が帰国することになり、秀民たちは寂しがっています。

종국　① 이번 주에 가세요?

에미　② 네, 이번 주 토요일 비행기예요.

수민　③ **토요일요**? 제가 공항까지 나가겠습니다.

에미　④ 아니에요. 괜찮아요.

종국　⑤ 저희가 친구**로** 당연히….

수민　⑥ 제 마음도 종국이**와 같습니다**.

에미　⑦ 고마워요.

수민　⑧ 오늘 날씨가 봄날 **같네요**.

에미　⑨ 네, 정말 그렇네요.

鍾国　① 今週行かれるのですか。
恵美　② ええ、今週の土曜日の飛行機ですよ。
秀民　③ 土曜日ですか。私が空港まで行きますよ。
恵美　④ いいですよ。大丈夫です。
鍾国　⑤ 僕たちは友だちとして当然…。
秀民　⑥ 僕の心も鍾国と同じなんです。
恵美　⑦ ありがとう。
秀民　⑧ 今日のお天気は春の日のようですね。
恵美　⑨ ええ、本当にそうですね。

恵美の異文化体験!?⑮

ソウル市内から버스で１時間あまりの인천국제공항(仁川国際空港)は、いつも見送る人や出迎える人であふれています。あとで分かったのですが、なんと家族総出での見送りや出迎えが当たり前だそうです。これが한국 사람의 정(韓国人の情)だと納得しました。

練習 16-4 単語（단어）を入れ替え、会話の練習をしましょう。

A： 이번 주에 가세요?　　B：네, 이번 주 토요일 비행기예요.
다음 주　　다음 주 수요일
내일　　내일 저녁
모레　　모레 아침

☞ 의の省略②：「今週の土曜日」のように時の名詞が連続する場合、의は用いない。
例）× 이번 주의 토요일　　○ 이번 주 토요일

練習 16-5 「- 죄송합니다만」のあとに理由を補って言ってみましょう。

1)
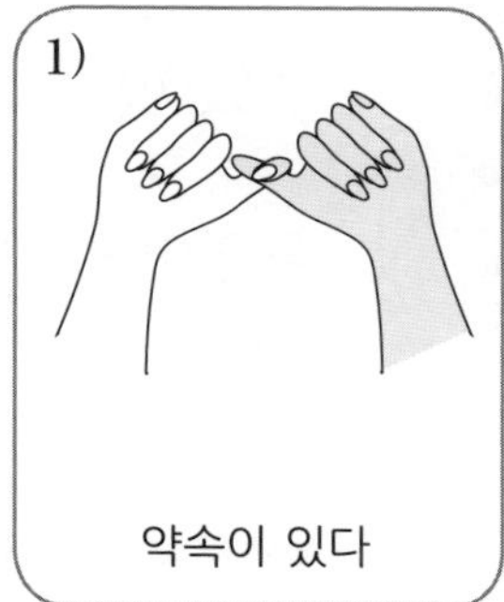
약속이 있다

2)

여행을 가다

3)

할머니 집에 가다

4)

시험이 있다

A：내일 부탁이 있어요.
B：죄송합니다만, 내일은 (　　　　　　　　　).

☞「- ㅂ / 습니다만」がついた慣用句を覚えましょう！
미안합니다만 …　　～すみませんが …
실례합니다만 …　　～失礼ですが …
잘 모르겠습니다만 …　　～よくわかりませんが …

練習 16-6 韓国語で言ってみましょう。

1) 明後日の朝、お時間がありますか。……………………

2) 明後日の朝ですか。……………………

3) 友達と一緒に空港まで行きますよ。……………………

4) 私の考えもスミンと同じなんです。……………………

5) 姉は友達のようです。……………………

「ㄹ語幹用言」

「살다（住む）」「길다（長い）」のように語幹末のパッチムが「ㄹ」のものを「ㄹ（リウル）語幹用言」といいます。「ㄹ（リウル）語幹用言」は、「ㅂ」「ㅅ」「ㄴ」と「ㄹ」パッチムで始まる語尾や補助語幹がつくと、「ㄹ」が脱落します。

5級のレベルでは「ㅂ」で始まる「-ㅂ니다」「-ㅂ니까?」や、「ㅅ」で始まる「-세요」「십니다」の前でㄹが脱落するのを確認しておきましょう。

語尾 / ㄹ語幹用言	「ㄹ」の脱落		「ㄹ」の脱落なし	
	-ㅂ니다	-세요	-아/어요	-았/었어요
걸다 かける	겁니다	거세요	걸어요	걸었어요
놀다 遊ぶ	놉니다	노세요	놀아요	놀았어요
들다 持つ	듭니다	드세요	들어요	들었어요
만들다 作る				
살다 住む、生きる				
알다 知る、分かる				
팔다 売る				
울다 泣く				
열다 開ける				
길다 長い				
멀다 遠い				

ハングル能力検定試験５級模擬テスト⑤

＜会話＞

1．対話文としてもっとも適切なものを①～④の中から１つ選びなさい。

1） A：언제（　　　　　　　）?
B：이번주는 바쁩니다. 다음주에 만나지요.
① 시간이 있어요　② 숙제를 해요　③ 맛이 있어요　④ 집에 있어요

2） A：뭘（　　　　　　　）?
B：먼저 물 좀 주세요. 그리고 커피 한 잔 주세요.
① 있으시겠어요　② 드시겠어요　③ 가시겠어요　④ 타시겠어요

3） A：우체국은（　　　　　　　）?
B：병원 옆이에요.
① 이것이에요　② 언제예요　③ 어디예요　④ 저것이에요

4） A：산에는 누구하고 가요?
B：（　　　　）.
① 토요일에 가요　② 안 가요　③ 같이 가요　④ 친구하고 가요

5） A：어머님은（　　　　　　　）?
B：올해 마흔여덟이십니다.
① 연세가 어떻게 되세요　② 언제 가세요　③ 무슨 일이세요　④ 어떻게 아세요

＜単語＞

2．①～④の中で、意味がほかの３つと最も関連性の低いものを１つ選びなさい。

1）（　）① 머리　② 손　③ 발　④ 어머니
2）（　）① 학교　② 교실　③ 시장　④ 도서관
3）（　）① 책　② 교과서　③ 신문　④ 설탕

＜文法：過去形＞

3．（　　）の中に入れるのに適切なものを①～④の中から１つ選びなさい。

1） 어디서 한국어를（　　　　　）?
① 배았어요　② 배었어요　③ 배웠어요　④ 배왔어요

2） 한국에는 한 번（　　　　　）.
① 가었어요　② 갔어요　③ 가았어요　④ 가였어요

3） 어제는 술을 많이（　　　　　）.
① 마셨어요　② 마시었어요　③ 마시았어요　④ 마시였어요

☞ 解答は p.120。

p.109 模擬テスト④の解答

解答	1. 1) ① 2) ④ 3) ① 4) ① 5) ③ 6) ② 7) ② 8) ④ 9) ② 10) ①
	2. 1) ① 2) ① 3) ③ 4) ④ 5) ②

疑問表現のまとめ

疑問詞	意味	例文		課
언제	いつ	생일이 언제입니까?	誕生日はいつですか。	5
어디	どこ(で) どこ(に)	어디서 만날까요? 어디(에) 있습니까?	どこで会いましょうか。 どこにありますか。	9 4
누구 누가	誰 誰が	누구입니까? 누가 합니까?	誰ですか。 誰がしますか。	4 9
어떻게	どのように どうして	어떻게 되십니까? 어떻게 아세요?	どのようになられますか。 どうして知っているんですか。	15 14
왜	なぜ どうして	왜 무슨 일이 있습니까?	どうして、何かあるんですか。	7
무엇(뭐)	何、何か	그것은 무엇입니까?	それは何ですか。	4
얼마 얼마나	いくら どれくらい	하나에 얼마예요? 집까지 얼마나 걸려요?	一個いくらですか。 家までどれくらいかかりますか。	12 11
몇＋助数詞	いくつ いくつかの 何～	몇 번입니까? 몇 살입니까? 몇 시입니까?	何番ですか。 おいくつですか。 何時ですか。	3 6 7
무슨＋名詞	何の、どんな	무슨 요일입니까?	何曜日ですか。	5
어떤＋名詞	どんな	어떤 선물이 좋을까요?	どんなお土産がいいでしょうか。	15
어느 것	どれ	어느 것입니까?	どれですか。	1

p.119 模擬テスト⑤の解答

解答　1.　1) ①　2) ②　3) ③　4) ④　5) ①　　2.　1) ④　2) ③ 3) ④
3.　1) ③　2) ②　3) ①

「합니다体」と「해요体」のまとめ

用言 ＼ 待遇法		합니다体		해요体	
		平叙形	疑問形	平叙形	疑問形
指定詞	이다　だ／である 아니다 ではない	입니다 아닙니다	입니까? 아닙니까?	이에요 (예요) 아니에요	이에요? (예요?) 아니에요?
存在詞	있다　ある／いる 없다　ない／いない	있습니다 없습니다	있습니까? 없습니까?	있어요 없어요	있어요? 없어요?
動詞	가다　行く 오다　来る	갑니다 옵니다	갑니까? 옵니까?	가요 와요	가요? 와요?
ㄹ語幹 (ㄹ脱落)	살다　住む 알다　知る	삽니다 압니다	삽니까? 압니까?	살아요 알아요	살아요? 알아요?
	먹다　食べる 읽다　読む	먹습니다 읽습니다	먹습니까? 읽습니까?	먹어요 읽어요	먹어요? 읽어요?
하다用言	하다　する 공부하다 勉強する	합니다 공부합니다	합니까? 공부합니까?	해요 공부해요	해요? 공부해요?
形容詞	좋다　いい 싫다　いやだ	좋습니다 싫습니다	좋습니까? 싫습니까?	좋아요 싫어요	좋아요? 싫어요?
ㅡ語幹 (ㅡ変則)	크다　大きい 고프다 空腹だ	큽니다 고픕니다	큽니까? 고픕니까?	커요 고파요	커요? 고파요?
(ㅂ変則)	춥다　寒い 덥다　暑い	춥습니다 덥습니다	춥습니까? 덥습니까?	추워요 * 더워요 *	추워요?* 더워요?*

* 추워요と더워요は、ハングル能力検定試験５級の範囲ではありません。

☞ ㄹ語幹用言のㄹ脱落については、p.118 参照。

부록 付録

1 助詞のまとめ（５級）

項目	意味や機能、例文		学習（課）
-가/이①	主格 ～が、～は	친구가 곧 옵니다.	5
★ -가/이②	～で（ない）	저는 학생이 아닙니다.	2
-같이	～のように	매일같이 운동을 합니다.	16
-는/은	～は	여기는 서울입니다.	1
-도	～も	이 친구도 대학생입니까?	2
-로/으로①	手段 ～で	버스로 왔어요.	13
	道具 ～で	조선말로 말했어요?	13
-로/으로②	方向 ～へ	이 버스는 어디로 가요?	14
-로/으로③	資格 ～として	아르바이트로 일해요.	16
-를/을	目的格 ～を	한국어를 공부합니다.	3
★ -를/을	～に（会う、乗る）	친구를 만나요. 버스를 타요.	3
★ -를/을	～が（好きだ）	축구를 좋아합니까?	3
-만	限定 ～だけ	하나만 주세요.	12
-보다	比較 ～より	저보다 세 살 아래입니다.	6
-부터	時の起点・順序 ～から	오늘부터 수업이 없습니다.	8
-까지	時の終点 ～まで	다섯 시까지 수업입니다.	8
	終了の地点・限度 ～まで	그때까지 기다리겠습니다.	8, 16
-서	場所 ～で（에서縮約形）	어디서 만날까요?	9
	場所の起点 ～から	여기서 학교까지 한 시간 걸려요.	11
-에①	方向、目的地 ～に（行く）	산에 갑니다.	2
-에②	場所 ～に（いる、ある）	제 사전은 집에 있습니다.	4
-에③	時間 ～に（始まる、終わる）	수업은 몇 시에 끝납니까?	7
-에④	単位 ～で	하나에 얼마예요?	12
-에게	人・動物 ～に（書き言葉的）	제가 할머니에게 전화했어요.	15
-에서	場所 ～で	학교에서 한국어를 배웁니다.	9
	場所の起点 ～から	학교에서 집까지 30분 정도 걸려요.	11
-와/과	～と（書き言葉的）	선생님과 같이 한국어 책을 읽어요.	10
-의	～の（会話ではよく省略される）	친구(의) 가방입니다.	3
-하고	～と（話し言葉的）	수민이하고 같이 와요.	10
-한테	人・動物 ～に（話し言葉的）	어머니가 저한테 말했어요.	15

2 接辞・依存名詞のまとめ（助数詞など）

項目	例文	学習ページ
-개 個	한 개에 얼마예요?	64, 82, 94
-것（거）もの	누구 것입니까? (누구 겁니까?)	56
-권 冊、巻	교과서 한 권, 제2권	98
-년 年	2025년	60～63
-달 月、～ヵ月	한 달 전이었어요.	☆
-마리 匹、羽	우리 집에 개 한 마리가 있어요.	98
-명 名、～人	몇 명입니까?	68, 98
-번 回、番	다시 한 번 말해 주세요.	98
-번째 番目	몇 번째 것이 좋았어요?	☆
-병 ～本(瓶)	한 병에 2만 원이에요.	97
-분 方、名様	어서 오세요. 몇 분이세요?	98
-분 分	5시 40분에 끝납니다.	70～73
-살 才、歳	열여덟 살입니다.	64～67
-시 時	4시 15분	70～73
-시간 時間	한 시간 걸려요.	92, 93
-씨 氏、さん	수민 씨는 대학생입니까?	42
-엔 円	350엔	98
-원 ウォン	한 개에 1000원	94～97
-월 月	4월 19일	60～63
-일 日	6월 6일입니다.	60～63
-장 枚	종이 한 장	98
제- 第	제1과, 제2과	40
-주 週	두 주 전이었어요.	☆
-주일 週間	시험까지는 두 주일이 있어요.	90
-쪽 方、側	이쪽으로 앉으세요.	96
-쯤 くらい、ほど	한 시간쯤 걸려요.	93
-층 階	제 방은 2층에 있어요.	98

☆は、テキストの本文などでは出てきませんが、例文を覚えておきましょう。

3 文法－語尾など（5級）

項目	接続	説明や意味	課
－겠－	語幹＋겠＋語尾	意志の補助語幹 控えめ	8 8
－고 있다＊	語幹＋고 있다	進行、状態 ～している	3
－ㄹ까요？/ 을까요？	母音語幹＋ㄹ까요？ ㄹ語幹　＋ㄹ까요？ 子音語幹＋을까요？	意志や意向の確認 ～しましょうか	7
－ㅂ니다 / 습니다	母音語幹＋ㅂ니다 ㄹ語幹　＋ㅂ니다 子音語幹＋습니다	丁寧（합니다体：平叙形） ～ます、～です ～しています	4
－ㅂ니까？/ 습니까？	母音語幹＋ㅂ니까？ ㄹ語幹　＋ㅂ니까？ 子音語幹＋습니까？	丁寧（합니다体：疑問形） ～ますか、～ですか ～していますか	4
－ㅂ시다 / 읍시다＊	母音語幹＋ㅂ시다 ㄹ語幹　＋ㅂ시다 子音語幹＋읍시다	勧誘（합니다体） ～しましょう	14
－세요 / 으세요	母音語幹＋세요 ㄹ語幹　＋세요 子音語幹＋으세요	命令（해요体） ～してください お～ください	12
－세요 / 으세요(？)	母音語幹＋세요(？) ㄹ語幹　＋세요(？) 子音語幹＋으세요(？)	尊敬（해요体） ～なさいます(か) ～でいらっしゃいます(か)	15
－시 / 으시 －＊	母音語幹＋시＋語尾 ㄹ語幹　＋시＋語尾 子音語幹＋으시＋語尾	尊敬の補助語幹	9
－아요 (？) / 어요 (？) －여요(？)	陽母音語幹＋아요(？) 陰母音語幹＋어요(？) 하다用言：하＋여요(？)	丁寧（해요体） ～ます(か)、～です(か) ～しています(か)	10 10 11
－예요 / 이에요(？)	母音体言＋예요(？) 子音体言＋이에요(？)	丁寧（해요体） ～です(か)	12

項目	接続	説明や意味	課
- 았 / 었 / 였 -	陽母音語幹＋았＋語尾 陰母音語幹＋었＋語尾 하다用言：하＋였＋語尾	過去の補助語幹	13 13 13
- 요(?)	名詞＋（이）요(?) 語尾（네, 지）＋요(?)	丁寧 ～です(か)、ですね	16
- 지 않다＊ 안 -	語幹＋지 않다 안 갑니다 / 안 가요	用言の後置否定 ～くない、～ではない 用言の前置否定	6 8
- 지요(?) - 죠(?)	語幹＋지요(?) 語幹＋죠(?)	意志・勧誘・同意 ～(ます / です)よ、～(ます / です)よね、～でしょう?	15

＊は、ハングル能力検定試験５級の範囲ではありません。

4 慣用表現（５級）

項目	意味、例文	課
(体言) 같다	～のようだ、～みたいだ　날씨가 겨울 같아요.	16
- 가 / 이 아니다 - 가 / 이 아니라	～ではない　제 친구는 학생이 아닙니다. ～ではなく　학생이 아니라 직장인입니다.	2 2
- 고 가다 / 오다	～していく/くる　밥을 먹고 가요. 택시를 타고 와요.	12
- 고 싶다	～したい　내년 봄에 다시 오고 싶어요. 한국 요리를 먹고 싶습니다.	11
- 와 / 과 (하고) 같다	～と同じだ　제 생각도 수민씨와 같아요.	16
- 와 / 과 (하고) 같이	～と同じく、～と一緒に　저와 같이 가요.	10
- 로 / 으로 하다	～にする、～に決める　한국 요리로 할까요?	14
- (이)라고 하다	～と言う、～と申す　저는 오가와 유미라고 합니다.	1

5 あいさつ言葉（5級）

項目・意味		学習ページ
감사합니다	ありがとうございます	15
고맙습니다 / 고마워요	ありがとうございます	15, 116
괜찮습니다 / 괜찮아요	かまいません、大丈夫です	23, 76, 86
그렇습니까? / 그래요?	そうですか	27, 62
그렇습니다 / 그래요	そうです	27, 42, 46
또 만납시다 / 만나요	またお会いしましょう、ではまた…	13
또 봐요	また会いましょう/また…	13
만나서 반갑습니다	お会いできて嬉しいです	42
많이 드십시오 / 드세요	どうぞお召し上がりください	25
맞습니다 / 맞아요	そうです/その通りです	27, 106
모르겠습니다 / 모르겠어요	わかりません/知りません	33
미안합니다 / 미안해요	すみません/ごめんなさい	17, 76
반갑습니다 / 반가워요	（お会いできて）嬉しいです	35, 42
성함이 어떻게 되십니까? / 되세요?	お名前はなんとおっしゃいますか	113
실례합니다	失礼します	92
실례합니다만	失礼ですが…/すみませんが…	117
안녕하십니까? / 안녕하세요?	お元気でいらゃしゃいますか/こんにちは	9, 17, 42
안녕히 가십시오 / 가세요	さようなら(去る人に)	11, 25
안녕히 계십시오 / 계세요	さようなら(留まる人に)	11, 25
알겠습니다 / 알겠어요	承知しました/分かりました	38, 74
알았습니다 / 알았어요	分かりました/知りました	100
어서 오십시오 / 오세요	いらっしゃいませ	35, 96
여기요 / 저기요	(人を呼ぶ時)すみません	82
여보세요?	もしもし	86
연세가 어떻게 되십니까? / 되세요?	おいくつでいらっしゃいますか	112, 113
오래간만입니다 / 오래간만이에요	お久しぶりです	96
잘 부탁드리겠습니다 / 잘 부탁드리겠어요	よろしくお願いいたします	35
잘 부탁합니다 / 잘 부탁해요	よろしくお願いします	42
죄송합니다 / 죄송해요	申し訳ありません	23
처음 뵙겠습니다	はじめまして	43
천만에요	どういたしまして/とんでもないです	15
축하합니다 / 축하해요	おめでとうございます	62

単語集　① 韓国語 → 日本語

・日本語と同一の漢字語は日本語訳に下線を引き、日本語と異なる漢字語は [ ] に示した。韓国では旧漢字を使う。
・* は 5 級の単語ではない。
・＜＞は変則用言や「ㄹ語幹用言」を示す。
・助詞については p.122 参照。

ㄱ	
가게	店、商店
가깝다 <ㅂ>	近い
가다	行く、帰る
가르치다	教える
가방	カバン
가슴	胸
가을	秋
가족	家族
가지다	持つ
감기 [感氣]	かぜ
값	値段
강 [江]	川
같다	①同じだ　②～のようだ
같이	①一緒に　②～のように
개	犬
거기	そこ(に)
걸리다	かかる
것(거)	もの、こと、～の
겨울	冬
결혼(하다)	結婚(する)
계시다	いらっしゃる
-고	～(し)て
고기	肉、魚
고등학교 [高等學校]	高校
고등학생 [高等學生]	高校生
고맙다 <ㅂ>	ありがとう、ありがたい
고양이	猫
고추	唐辛子
고프다 <으>	空腹だ
곧	すぐに
공 [空]	ゼロ（0）
공부(하다) [工夫-]	勉強(する)
공항	空港
과일	果物
괜찮다	構わない、大丈夫だ
교과서	教科書
* 교사	教師
교실	教室
구 [九]	9
구두	くつ
구름	雲
구월	九月
국	スープ、汁
귀	耳
그	その
그것(그거)	それ
그러면(=그럼)	それなら(では)
* 그래서	それで
그래요(?)	そうです(か)
그런데	ところで、だけど
* 그렇게	そのように
그리고	そして
그분	その方
글	文、文章
금요일	金曜日
기다리다	待つ
기분	気分
기차	汽車
길	道
길다 <ㄹ>	長い
김치	キムチ
꽃	花
끝	終わり
끝나다	終わる

ㄴ	
나	わたし、僕
나가다	出る、出て行く
나다	出る
나라	国
나무	木
나쁘다 <으>	悪い
나오다	出てくる
나이	歳、年齢

날씨	天気、気候
남동생 [男同生]	弟
남자	男子、男性
남편 [男便]	夫
낮	昼
낮다	低い
내	僕の、わたしの
내년	来年
내다	出す
내리다	降りる、降る
내일 [来日]	明日
냉면	冷麺
너무	あまりにも、とても
넣다	入れる
네	はい
네	四つの
* 넥타이	ネクタイ
넷	四つ
노래	歌
노래하다	歌う
노트	ノート
* 노트북	ノートパソコン
놀다 <ㄹ>	遊ぶ
* 농구	バスケットボール
높다	高い
놓다	置く
누가	誰(か)が
누구	誰(か)
누나	姉(←弟)
눈①	雪
눈②	目
뉴스	ニュース
늦다	遅い

ㄷ

다	全部、すべて
다니다	通う
다리	脚
다섯	五つ、5人
다시	再び
다음	次、次の
다음 달	来月
다음 주	来週
단어	単語
닫다	閉める
달	① 月　② ～月
닭	鶏
닭고기	鶏肉
* 당연히 [當然 -]	当然
대학	大学
대학교	大学(大学校)
대학생	大学生
더	もっと、さらに
덥다 <ㅂ>	暑い
도서관	図書館
돈	お金
* 돌아가다	帰る
* 돌아가시다	お亡くなりになる
* 돌아오다	戻ってくる
동생 [同生]	妹・弟
돼지	豚
되다	なる、できる
두	二つの
둘	二つ、二人
뒤	後ろ、裏
드라마	ドラマ
* 드시다	召し上がる
* 들어가다	入っていく
* 들어오다	入ってくる
딸	娘
또	また、さらに

ㅁ

마시다	飲む
마음	心、本心
* 마흔	40
만	万
만나다	会う、出会う
만들다 <ㄹ>	作る
많다	多い、たくさんある
많이	多く、たくさん
말	ことば, 話
* 말씀하시다	おっしゃる
말하다	言う、話す
맛	味
맛없다	まずい

맛있다	おいしい
매일	毎日
머리	頭、髪
먹다	食べる
먼저	先に、まず
멀다 < ㄹ >	遠い
메일	メール
* 며칠	何日、数日
몇	いくつの、何～
모두	みんな、全部で
모레	あさって
모르다 < 르 >	知らない、分からない
목요일	木曜日
몸	体、身体
못하다	できない
무슨	何の、何か (の)
무엇 (뭐)	何
문 [門]	ドア
문제	問題
물	水
미안하다 [未安 -]	すまない
밑	下、底

ㅂ

바다	海
바쁘다 < 으 >	忙しい
바지	ズボン
밖	外
반	半分、半
반갑다 < ㅂ >	嬉しい
받다	もらう、受ける、受け取る
발	足
밤	夜
밥	飯、ご飯
방 [房]	部屋
배	腹、おなか
배우다	習う、学ぶ
백	百
버스	バス
* 번호	番号
벗다	脱ぐ
병 [病]	病気
병원	病院
보내다	送る、届ける
보다	見る、(試験を) 受ける
볼펜	ボールペン
봄	春
* 봄날	春の日
* 뵙다 < ㅂ >	お目にかかる
* 부모님 [父母 -]	ご両親
부탁 (하다)	お願い、頼み
불	火、灯り
불고기	焼肉
비	雨
비디오	ビデオ
비빔밥	ピビンバ
비싸다	(値段が) 高い
비행기	飛行機
비행기표	(飛行機の) チケット
빨리	早く、速く
빵	パン

ㅅ

사 [四]	4
사과 [沙果]	リンゴ
사다	①買う　②おごる
사람	人
사랑 (하다)	愛 (する)
사월	四月
* 사전	辞典、辞書
사진	写真
산	山
살다	住む、暮らす、生きる
삼 [三]	3
삼월	三月
새	鳥
생각 [生覺]	考え、思い
생각하다 [生覺 -]	考える、思う
생선	(食用の) 魚
생일 [生日]	誕生日
* 서다	立つ、とまる
선물 [膳物]	プレゼント、お土産
선물하다 [膳物 -]	プレゼントする
선생님 [先生 -]	先生
설탕 [雪糖]	砂糖
* 성함 [姓銜]	お名前

세	三つの	쓰다 <으>	① 書く ②使う ③ (傘を)さす
* 세다	数える	씨	～さん、～氏
세우다	立てる、(車を)止める	**ㅇ**	
셋	三つ、三人	* 아	あっ、ああ
소	牛	아내	妻、家内
소(쇠)고기	牛肉	아뇨(아니요)	いいえ
소금	塩	* 아니	いや、いいえ
소리	声、音	아니다	違う、(～では)ない
속	中、内	아들	息子
속옷	下着	아래	下、下の方
손	手	* 아르바이트	アルバイト
손님	お客さん	* 아버님	お父様
수업	授業	아버지	父、お父さん
수요일	水曜日	* 아세요(?)	ご存知です(か)
숙제	宿題	아이	子供
술	酒	아저씨	おじさん
숫자	数字	아주	とても、非常に
쉽다 <ㅂ>	容易だ、易しい	아주머니	おばさん
스무	20の、20個の	아침	朝、朝食
스물	20(才)	아파트	マンション
스포츠	スポーツ	아프다 <으>	痛い
시간	時間	아홉	九つ、9人
시계	時計	안	中、内
시디	CD	안경 [眼鏡]	メガネ
시월	十月	안 되다	だめだ、うまくいかない
시작되다 [始作-]	始まる	앉다	座る
시작하다 [始作-]	始める	알다 <ㄹ>	知る、分かる
시장	市場	앞	前
시키다	① させる ② 注文する	야구	野球
시험	試験	약	薬
식당	食堂	*약속(하다)	約束(する)
식사(하다)	食事(する)	양말	靴下
신다	履く	어느	どの、ある～
신문	新聞	어느 것	どれ
신발	履物、靴	어디	どこ(に)
실례(하다)	失礼(する)	어때요(?)	どうです(か)
싫다	いやだ、嫌いだ	어떤	どんな
싫어하다	嫌う、いやがる	어떻게	どのように
십 [十]	10	어렵다 <ㅂ>	難しい
십이월	十二月	어머니	母、お母さん
십일월	十一月	* 어머님	お母様
싸다	安い		

어제	昨日
어젯밤	昨夜
언니	姉 (←妹)
언제	いつ
언제나	いつも、常に
얼굴	顔
얼마	いくら、いくらか
* 얼마나	どれくらい
없다	ない、いない
여기	ここ(に)
여덟	八つ、8人
여동생 [女同生]	妹
여름	夏
여보세요	もしもし
여섯	六つ、6人
여자 [女子]	女性、女
여행	旅行
역	駅
* 연세 [年歳]	お歳
연필	鉛筆
열	十、10人
열다 <ㄹ>	開く
영어	英語
영화	映画
* 영화관	映画館
옆	横
예	はい
* 예쁘다 <으>	きれいだ、かわいい
오 [五]	5
오늘	今日
오다	① 来る ② (雨が)降る
오빠	兄 (←妹)
오월	五月
오전	午前
오후	午後
올해	今年
옷	服
왜	なぜ、どうして
외국	外国
외국어	外国語
요리	料理
요일	曜日

* 요즘	この頃、最近
우리	私たち、私の
우리나라	わが国
우산 [雨傘]	傘
우유	牛乳
우체국 [郵遞局]	郵便局
우표 [郵票]	切手
운동(하다)	運動(する)
울다	泣く
웃다	笑う
월요일	月曜日
위	上、上の方
유월	六月
육 [六]	6
은행	銀行
* 음	うん、う〜む
음식	飲食
음악	音楽
의사	医師
의자	椅子
이	この
이 [二]	2
이것(이거)	これ
이다	〜だ、〜である
이름	名前
이번	今回、今回の
이번 달	今月
이번 주	今週
이분	この方
이야기	話、物語
이야기하다	話す
이월	二月
* 이쪽	こちら
일	仕事、用事、こと
일 [一]	1
일곱	七つ、7人
일본	日本
일본말 [日本-]	日本語
일본 사람 [日本-]	日本人
일본어	日本語
일어나다	起きる、起こる
일요일	日曜日

일월 一月
일주일 [一週日] 一週間
일하다 働く
읽다 読む
입 口
입다 着る
있다 ある、いる
잊다 忘れる

ㅈ

자기 自分、自己
자다 寝る、眠る
자리 席、場所
작년 昨年
작다 小さい、(背が)低い
잘 よく、よろしく、うまく
잘되다 うまくいく
잘하다 上手だ、うまくやる
재미없다 面白くない
재미있다 面白い
저① わたくし、自分
저② あの
저것(저거) あれ
저기 あそこ、あそこに
저녁 夕方、夕食
저녁밥 夕食
저분 あの方
저희 私ども
* 전 前
전철 [電鐵] 電車
전화(하다) 電話(する)
* 전화번호 電話番号
* 점심 [點心] 昼食
* 정도 程度、～くらい
정말 ほんとう
제 わたくし(の)、わたくし(が)
* 정하다 [定 -] 決める
제일 [第一] 一番、もっとも
조선 朝鮮
조선말 [朝鮮 -] 朝鮮語
조선어 朝鮮語
좀 少し、ちょっと
종이 紙
좋다 良い、好きだ
좋아하다 好む、好きだ
주 週
주다 あげる、くれる
주말 週末
주스 ジュース
중국 [中國] 中国
중국어 [中國語] 中国語
중국 사람 [中國 -] 中国人
지금 今
지나다 過ぎる、通る
지난달 先月
* 지난번 前回
지난주 先週
* 지내다 過ごす
지하철 地下鉄
* 직장 職場
* 직장인 [職場人] つとめ人
집 家
짧다 短い
쯤 ～くらい、～ほど
찍다 (写真を)撮る

ㅊ

차① 車
차② 茶
차다 冷たい
찾다 探す、(金を)下ろす
책 [冊] 本
책상 [冊床] 机、デスク
처음 はじめて、最初
천 千
천천히 ゆっくり(と)
축구 [蹴球] サッカー
축하(하다) 祝賀(する)
춥다 < ㅂ > 寒い
취미 趣味
치마 スカート
친구 [親舊] 友達
칠 [七] 7
칠월 七月

ㅋ

커피 コーヒー

컴퓨터	コンピュータ、パソコン
* 켜다	(火、電気を) つける
코	鼻
크다 <으>	大きい、(背が) 高い
키	背、身長

ㅌ

타다	乗る
택시	タクシー
텔레비전	テレビ
토요일	土曜日

ㅍ

팔	腕
팔 [八]	8
팔다 <ㄹ>	売る
팔월	八月
편지 [便紙]	手紙
표 [票]	チケット、券

ㅎ

하나	一つ
하다	する、～と言う
하지만	しかし
학교	学校
* 학년 [學年]	学年、～年生
학생	学生
* 학원 [學院]	塾、学校
한	一つの
한국 [韓國]	韓国
한국말 [韓國 -]	韓国語
한국 사람 [韓國 -]	韓国人
한국어	韓国語
한글	ハングル
할머니	おばあさん
할아버지	おじいさん
허리	腰
형	兄、お兄さん (←弟)
호텔	ホテル
화요일	火曜日
화장실 [化粧室]	トイレ
회사	会社
* 회사원	会社員
휴대폰 [携帶 -]	携帯電話
휴대전화	携帯電話

単語集 ② 日本語 → 韓国語

あ行

日本語	韓国語
愛	사랑(하다)
会う、出会う	만나다
秋	가을
あげる、くれる	주다
上げる、持つ	들다
朝	아침
あさって	모레
足	발
味	맛
脚、足	다리
明日	내일
あそこ、あそこに	저기
遊ぶ	놀다 <ㄹ>
頭、髪	머리
あっ、ああ	아
暑い、熱い	덥다 <ㅂ>
兄、お兄さん	오빠(←妹), 형(←弟)
姉、お姉さん	언니(←妹), 누나(←弟)
あの	저②
あの方	저분
あまりにも、とても	너무
雨	비
ありがとう、ありがたい	고맙다 <ㅂ>
ある、いる	있다
*アルバイト	아르바이트
あれ	저것(저거)
いいえ	아뇨(아니요)
言う	말하다
家	집
行く、帰る	가다
幾つの、何～	몇
いくら、いくらか	얼마
医師	의사
椅子	의자
忙しい	바쁘다 <으>
痛い	아프다 <으>
二	일
一月	일월
市場	시장
一番、もっとも	제일
いつ	언제
一週間	일주일
一緒に、～のように	같이
五つ、5人	다섯
いつも、常に	언제나
犬	개
今	지금
妹	여동생
妹・弟	동생
いやだ、嫌いだ	싫다
いや、いいえ	아니
いらっしゃる	계시다
入れる	넣다
上、上の方	위
牛	소
後ろ、裏	뒤
歌	노래
歌う	노래하다
腕	팔
うまくいく	잘되다
海	바다
売る	팔다 <ㄹ>
嬉しい	반갑다 <ㅂ>
*うん	음
運動(する)	운동(하다)
絵	그림
映画	영화
映画館	영화관
英語	영어
駅	역
鉛筆	연필
おいしい	맛있다
おいしくない、まずい	맛없다
多い	많다
大きい、(背が)高い	크다 <으>
多く、たくさん	많이
*お母様	어머님
お金	돈
お客さん	손님
起きる、起こる	일어나다
置く	놓다

送る、届ける	보내다
おじいさん	할아버지
教える	가르치다
おじさん	아저씨
遅い	늦다
*おっしゃる	말씀하시다
夫	남편
*お父様	아버님
弟	남동생
*お歳	연세
お腹	배
*お亡くなりになる	돌아가시다
同じだ、〜のようだ	같다
*お名前	성함
おばあさん	할머니
おばさん	아주머니
お願い、頼み	부탁(하다)
*お目にかかる	뵙다 < ㅂ >
面白い	재미있다
面白くない	재미없다
降りる	내리다
終わり	끝
終わる	끝나다
音楽	음악

か行

外国	외국
外国語	외국어
会社	회사
*会社員	회사원
買う、おごる	사다
帰る	돌아가다
顔	얼굴
かかる	걸리다
書く、かぶる	쓰다 < 으 >
学生	학생
*学年	학년
かける	걸다
傘	우산
風邪	감기
数える	세다
家族	가족
学校	학교
カバン	가방
構わない、大丈夫だ	괜찮다
紙	종이
通う	다니다
火曜日	화요일
体	몸
川	강
考え、思い	생각
考える、思う	생각하다
韓国	한국
韓国語	한국어, 한국말
韓国人	한국 사람
木	나무
汽車	기차
切手	우표
昨日	어제
気分	기분
キムチ	김치
*決める	정하다
九	구
牛肉	소(쇠)고기
牛乳	우유
今日	오늘
教科書	교과서
教師	교사
教室	교실
嫌う、いやがる	싫어하다
着る	입다
きれいだ、かわいい	예쁘다 < 으 >
銀行	은행
金曜日	금요일
*空港	공항
空腹だ	고프다 < 으 >
九月	구월
薬	약
果物	과일
口	입
くつ	구두
靴下	양말
国	나라
雲	구름
くらい、ほど	쯤

来る	오다
車	차①
携帯	휴대폰, 휴대전화
結婚(する)	결혼(하다)
月曜日	월요일
五	오
高校	고등학교
高校生	고등학생
声、音	소리
コーヒー	커피
五月	오월
ここ	여기
午後	오후
九つ、9人	아홉
心、本心	마음
腰	허리
午前	오전
*ご存知です(か)	아세요(?)
*こちら	이쪽
今年	올해
ことば、話	말
子供	아이
この	이
この方	이분
*この頃、最近	요즘
好む、好きだ	좋아하다
ご飯、飯	밥
*ご両親	부모님
これ	이것(이거)
今回、今回の	이번
今月	이번 달
今週	이번 주
コンピュータ、パソコン	컴퓨터

さ行

(食用の)魚	생선
探す、(金を)下ろす	찾다
先に、まず	먼저
昨年	작년
昨夜	어젯밤
酒	술
させる、注文する	시키다
サッカー	축구
砂糖	설탕
寒い	춥다 < ㅂ >
さん、氏	씨
三	삼
三月	삼월
四	사
～(し)て	-고
シーディー(CD)	시디
塩	소금
しかし	하지만
四月	사월
時間	시간
試験	시험
仕事、用事、こと	일
下、下の方	아래
下、底	밑
下着	속옷
七	칠
七月	칠월
失礼(する)	실례(하다)
*辞典、辞書	사전
自分、自己	자기
閉める	닫다
写真	사진
十	십
十一月	십일월
十月	시월
塾、学校	학원
ジュース	주스
十二月	십이월
週末	주말
授業	수업
祝賀(する)	축하(하다)
宿題	숙제
趣味	취미
上手だ、うまくやる	잘하다
食事(する)	식사(하다)
食堂	식당
*職場	직장
女子、女性	여자
知らない、分からない	모르다 < 르 >
知る、分かる	알다 < ㄹ >

新聞	신문
水曜日	수요일
数字	숫자
スープ、汁	국
スカート	치마, 스카트
少ない	적다
すぐに	곧
少し、ちょっと	좀
*過ごす	지내다
スポーツ	스포츠
ズボン	바지
すまない	미안하다
住む、暮らす、生きる	살다 <ㄹ>
する	하다
座る	앉다
背	키
席、場所	자리
ゼロ（0）	공
千	천
前回	지난번
先月	지난달
先週	지난주
先生	선생님
全部、すべて	다
そうです(か)	그래요(?)
そこ(に)	거기
そして	그리고
外	밖
その	그
その方	그분
*そのように	그렇게
それ	그것(그거)
*それで	그래서
それでは(では)	그러면(=그럼)

た行

～だ、～である	이다
大学	대학
大学生	대학생
大学校	대학교, 대학
高い	높다
(値段が)高い	비싸다
タクシー	택시
出す	내다
立つ、とまる	서다
立てる、(車を)止める	세우다
食べる	먹다
だめだ、うまくいかない	안 되다
誰(か)	누구
誰(か)が	누가
単語	단어
男子、男性	남자
誕生日	생일
小さい、(背が)低い	작다
近い	가깝다 <ㅂ>
地下鉄	지하철
父、お父さん	아버지
チケット、券	표
茶	차②
*昼食	점심
朝食	아침, 아침밥
朝鮮	조선
朝鮮語	조선어, 조선말
中国	중국
中国語	중국어
中国人	중국 사람
月	달
次、次の	다음
机、デスク	책상
作る	만들다 <ㄹ>
(火、電気を)つける	켜다
*つとめ人	직장인
妻、家内	아내
冷たい	차다
手	손
*程度、～くらい	정도
手紙	편지
できない	못하다
出てくる	나오다
～でない、違う	아니다
出る	나다
出る、出て行く	나가다
テレビ	텔레비전
天気、気候	날씨
電車、電鉄	전철

電話(する)	전화(하다)
*電話番号	전화번호
ドア	문
トイレ	화장실
唐辛子	고추
*当然	당연히
どうです(か)	어때요(?)
十、10人	열
遠い	멀다 <ㄹ>
通る、過ぎる	지나다
時計	시계
どこ(に)	어디
*ところで、だけど	그런데
歳、年齢	나이
図書館	도서관
とても、非常に	아주
どの、ある	어느
どのように	어떻게
友達	친구
土曜日	토요일
ドラマ	드라마
鶏	닭
鶏肉	닭고기
鳥	새
(写真を)撮る	찍다
どれ	어느 것
どれくらい	얼마나
どんな	어떤

な行

ない、いない	없다
中、内	안, 속
長い	길다 <ㄹ>
眺める	바라보다
泣く	울다 <ㄹ>
なぜ	왜
夏	여름
七つ、7人	일곱
名前	이름
習う、学ぶ	배우다
なる、できる	되다
何	무엇(뭐)
何日、数日	며칠
何の、何か	무슨
二	이
二月	이월
肉	고기
日曜日	일요일
日本	일본
日本語	일본어, 일본말
日本人	일본 사람
ニュース	뉴스
脱ぐ	벗다
*ネクタイ	넥타이
猫	고양이
値段	값
寝る、眠る	자다
ノート	노트
*ノートパソコン	노트북
残る、余る	남다
飲む	마시다
乗る	타다

は行

はい、ええ	네, 예
*入っていく	들어가다
*入ってくる	들어오다
履物、靴	신발
履く	신다
始まる	시작되다
はじめて、最初	처음
始める	시작하다
バス	버스
*バスケットボール	농구
二十(歳)	스물
二十(の)	스무
働く	일하다
八	팔
八月	팔월
花	꽃
鼻	코
話、話す	이야기(하다)
母、お母さん	어머니
早く、速く	빨리
腹、おなか	배
春	봄

*春の日	봄날
パン	빵
半、半分	반
ハングル	한글
番号	번호
火、灯り	불
低い	낮다
飛行機	비행기
(飛行機の)チケット	비행기표
ビデオ	비디오
人	사람
一つ	하나
一つの	한
ピビンバ	비빔밥
百	백
病院	병원
病気	병
開く	열다 <ㄹ>
昼	낮
昼ご飯	점심, 점심밥
服	옷
豚	돼지
再び	다시
二つ、2人	둘
二つの	두
船	배
冬	겨울
プレゼント、お土産	선물
プレゼントする	선물하다
文、文章	글
部屋	방
勉強(する)	공부(하다)
ボールペン	볼펜
僕	나
僕の	내
ホテル	호텔
本	책
ほんとう	정말

ま行

毎日	매일
前	전, 앞
また	또
街、通り	거리
待つ	기다리다
万	만
マンション	아파트
短い	짧다
水	물
店、商店	가게
道	길
三つ、3人	셋
三つの	세
耳	귀
見る	보다
みんな、全部で	모두
難しい	어렵다 <ㅂ>
息子	아들
娘	딸
六つ、6人	여섯
胸	가슴
目	눈①
メール	메일
メガネ	안경
*召し上がる	드시다
木曜日	목요일
もしもし	여보세요
持つ	가지다
もっと	더
もっとも、第一	제일
*戻ってくる	돌아오다
もの、こと、~の	것(거)
もらう、受ける、受け取る	받다
問題	문제

や行

焼肉	불고기
野球	야구
*約束(する)	약속(하다)
安い	싸다
八つ、8人	여덟
山	산
夕方	저녁
夕食	저녁, 저녁밥
郵便局	우체국
雪	눈②

ゆっくり(と)	천천히
良い、好きだ	좋다
容易だ、易しい	쉽다 <ㅂ>
曜日	요일
よく、よろしく、うまく	잘
横	옆
四つ、4人	넷
四つの	네
読む	읽다
夜	밤
*四十	마흔

ら行

来月	다음 달
来週	다음 주
来年	내년
料理	요리
旅行	여행
リンゴ	사과
冷麺	냉면
六	육
六月	유월

わ行

わが国	우리나라
忘れる	잊다
わたくし、自分	저①
わたくし(の)、わたくし(が)	제
わたし、僕	나
私たち、私の	우리
私ども	저희
笑う	웃다
悪い	나쁘다 <으>

ハングル表

子音 ＼ 母音	ㅏ [a]	ㅑ [ja]	ㅓ [ɔ]	ㅕ [jɔ]	ㅗ [o]	ㅛ [jo]	ㅜ [u]	ㅠ [ju]	ㅡ [ɯ]	ㅣ [i]
ㄱ [k/g]	가 [ka]	갸 [kja]	거 [kɔ]	겨 [kjɔ]	고 [ko]	교 [kjo]	구 [ku]	규 [kju]	그 [kɯ]	기 [ki]
ㄴ [n]	나 [na]	냐 [nja]	너 [nɔ]	녀 [njɔ]	노 [no]	뇨 [njo]	누 [nu]	뉴 [nju]	느 [nɯ]	니 [ni]
ㄷ [t/d]	다 [ta]	댜 [tja]	더 [tɔ]	뎌 [tjɔ]	도 [to]	됴 [tjo]	두 [tu]	듀 [tju]	드 [tɯ]	디 [ti]
ㄹ [r/l]	라 [ra]	랴 [rja]	러 [rɔ]	려 [rjɔ]	로 [ro]	료 [rjo]	루 [ru]	류 [rju]	르 [rɯ]	리 [ri]
ㅁ [m]	마 [ma]	먀 [mja]	머 [mɔ]	며 [mjɔ]	모 [mo]	묘 [mjo]	무 [mu]	뮤 [mju]	므 [mɯ]	미 [mi]
ㅂ [p/b]	바 [pa]	뱌 [pja]	버 [pɔ]	벼 [pjɔ]	보 [po]	뵤 [pjo]	부 [pu]	뷰 [pju]	브 [pɯ]	비 [pi]
ㅅ [s]	사 [sa]	샤 [sja]	서 [sɔ]	셔 [sjɔ]	소 [so]	쇼 [sjo]	수 [su]	슈 [sju]	스 [sɯ]	시 [si]
ㅇ [無音/ŋ]	아 [a]	야 [ja]	어 [ɔ]	여 [jɔ]	오 [o]	요 [jo]	우 [u]	유 [ju]	으 [ɯ]	이 [i]
ㅈ [tʃ/dʒ]	자 [tʃa]	쟈 [tʃja]	저 [tʃɔ]	져 [tʃjɔ]	조 [tʃo]	죠 [tʃjo]	주 [tʃu]	쥬 [tʃju]	즈 [tʃɯ]	지 [tʃi]
ㅊ [tʃʰ]	차 [tʃʰa]	챠 [tʃʰja]	처 [tʃʰɔ]	쳐 [tʃʰjɔ]	초 [tʃʰo]	쵸 [tʃʰjo]	추 [tʃʰu]	츄 [tʃʰju]	츠 [tʃʰɯ]	치 [tʃʰi]
ㅋ [kʰ]	카 [kʰa]	캬 [kʰja]	커 [kʰɔ]	켜 [kʰjɔ]	코 [kʰo]	쿄 [kʰjo]	쿠 [kʰu]	큐 [kʰju]	크 [kʰɯ]	키 [kʰi]
ㅌ [tʰ]	타 [tʰa]	탸 [tʰja]	터 [tʰɔ]	텨 [tʰjɔ]	토 [tʰo]	툐 [tʰjo]	투 [tʰu]	튜 [tʰju]	트 [tʰɯ]	티 [tʰi]
ㅍ [pʰ]	파 [pʰa]	퍄 [pʰja]	퍼 [pʰɔ]	펴 [pʰjɔ]	포 [pʰo]	표 [pʰjo]	푸 [pʰu]	퓨 [pʰju]	프 [pʰɯ]	피 [pʰi]
ㅎ [h]	하 [ha]	햐 [hja]	허 [hɔ]	혀 [hjɔ]	호 [ho]	효 [hjo]	후 [hu]	휴 [hju]	흐 [hɯ]	히 [hi]

三訂版　パランセ韓国語 初級
－ハングル能力検定試験５級完全準拠－

検印省略

© 2021年1月30日　三訂初版発行
2024年10月15日　第7刷発行

著者　金京子
喜多恵美子

発行者　原　雅久
発行所　株式会社　朝日出版社
101-0065　東京都千代田区西神田 3-3-5
電話　03-3239-0271/72
振替口座　00140-2-46008
https://www.asahipress.com/

組版・デザイン／（株）剛一　印刷／TOPPANクロレ㈱

乱丁、落丁本はお取り替えいたします。
ISBN978-4-255-55676-5 C1087